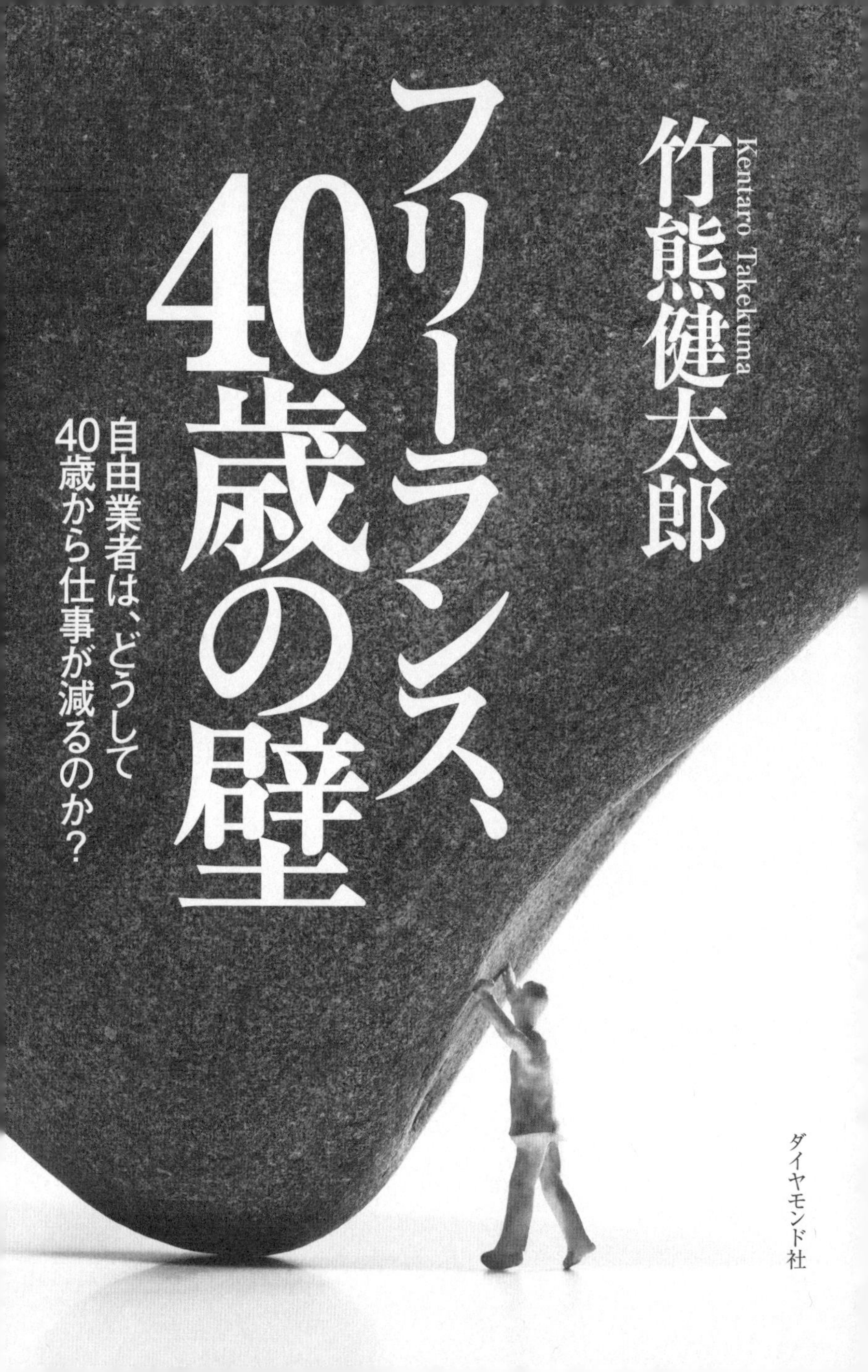

フリーランス、40歳の壁

自由業者は、どうして40歳から仕事が減るのか？

竹熊健太郎
Kentaro Takekuma

ダイヤモンド社

序章
フリーランスは自由という名の業《ごう》である。

フリーランスには2種類ある。

自由業者《フリーランス》は憧《あこが》れてなるものではありません。なろうと思って計画的になれるものでもありません。自由業者は**「なるべくして、なってしまう」**ものです。**「否応なく、そうならざるを得ない」**ものなのです。私自身、そう考えて生きてきました。

もちろん、そうではない自由業者もいます。はじめに高名な賞を受賞してデビューするとか、勤め人のかたわら趣味として実績を積んだのち、自信と人脈を築いて、計画的になる人もいると思います。

しかし**本書では、そういう実績を前提とした自由業者・計画的な自由業者とは違う、もうひとつの自由業者について語りたいと思います**。なぜなら私自身「流れに身を任せて、なってしまった」自由業者のなれのはてなので、計画的な自由業者のことは、書きたくても書けないからです。

職業には「憧れてなる職業」と、「流れに任せてなってしまった職業」があると思います。読者のみなさんの中には、たとえば本書でも扱われるフリーライターなどは、憧れてなる職業の典型に思われる方もいらっしゃるかもしれません。

たしかに小説家やマンガ家など、かなりの才能と特殊技能が必要な自由業者の場合、憧れが原動力になることが多いです。芸能人、スポーツ選手などもそうです。しかし同じ「作家」とはいえ、フリーライターの中には、私と同じように、なんとなく、気がついたらなってしまったという人間も多いのです。

私は、なんとなくなれてしまう自由業者は気楽な仕事、と言いたいのではありません。その反対で、**こういう人は年とともに「壁」にぶつかる率が高いと言いたいのです**。30歳・40歳・50歳の節目ごとに壁は襲ってきます。10年経るごとに、壁は大きく、厚くなります。それでも人間は生きていかなければなりません。

本書を書いている私は、現在、50歳の壁と格闘しています。これを乗り越えるために本書を書いているようなものです。読者のみなさんの中には私と同業もいれば、転職を考えるサラリーマンもいるでしょうし、一般の自営業の方、学生さんもいるかもしれません。それぞれに「壁」はあるでしょう。

しかしフリーにはフリーでしか直面できない壁があるのです。一般に趣味の延長で仕事をしていると言われ、気楽な仕事に思われて、「毎日、満員電車に揉《も》まれなくて羨《うらや》ましいですなあ」と言われがちなフリーランスですが、これを続けていくためにはどのような壁があるのか、みな、どのようにその壁と格闘し、ある者は乗り越えて、40の坂を乗り切ることに成功したのか、ということについて私は書きたいと思います。

自由業とはなにか。

「自由業」というこの言葉には、他の職業ジャンルにはない、独特の響きがあります。なにしろ「自由」な職業なのです。こんな素晴らしい仕事が他にあるでしょうか。

『大辞林』で「自由業」を引いてみます。

じゆうーぎょう【自由業】時間や雇用契約に縛られない職業。著述業・弁護士など。

じつにシンプルな定義です。時間や雇用契約に縛られない職業！　サラリーマンの対極に位置するというか、黒澤明『用心棒』の冒頭、三船敏郎演ずる浪人が道端の棒切れを放り投げて歩く方向を決める有名なシーンがありますが、そんな感じで、何ものにもとらわれず、好き放題に生きてご飯にありつけるような、調子の良いイメージがあります。

『大辞林』の定義の後半には、自由業の具体的な職種が出てきます。《著述業・弁護士など》がそれ。著述業は、まさにこの本を書いている私のことで、本や雑誌に文章を執筆するとか、または小説家やマンガ家のような、好きなことを作品に表現して口を糊《のり》する仕事のことです。

一般に「自由業」という場合、著述業を指すことが多いのではないかと思います。弁護士や司法書士なども自由業に含まれますが、これらと著述業とでは、だいぶ印象に開きがあるのではないでしょうか。著述業は一匹狼の自営業が主流ですが、弁護士や司法書士は事務所に所属していることも多く、その場合は勤め人の勤務形態に近くなりますし、そもそも超難関の試験を突破して国家資格を取得しなければ、なることができません。

その点、ライター・作家にはいっさいの資格が不要。ついでに言えば**学歴すら不要です**。ようは書いた文章や作品が「売れれば」良いのです。私もフリーライター歴35年ですが、最終学歴は高卒ですし、資格は運転免許すら持っていません。東京都内でフリーライターをやるぶんには、車を所有するより、駅の近くに住んで電車で移動するほうが、圧倒的にラクだからです。都内は駐車場代も馬鹿になりませんし。ただしライター以外のアルバイトをするとか、あなたが男性で、女性をナンパしたいと思えば、車はあったほうが良いと思います。

本書で取り扱う「自由業」は、著述作家業を中心とした「表現業者」のことです。弁護士や司法書士・公認会計士・税理士などの仕事のことは、同じ自由業でも、私には書けません。後者を志す人は、それ用の入門書が出ていますから、そちらをお読みください。税務・会計関係の自由業を目指されるのでしたら、井ノ上陽一さんの『フリーランスのための一生仕事に困らない本』(ダイヤモンド社)がお薦めです。青色確定申告のやり方など、私も参考になりました。

本書は誰のために書かれたか。

私は本書を、40歳を迎《むか》えてしまった、または、これから迎えようとする「自由業で表現業」の人に向けて書いています。文筆業ではなく表現業としたのは、文章以外の絵画・マンガ・音楽・映画など表現全般を含めたかったからです。いわゆる「作家・芸術家」です。

表現の世界の住人は、大きくわけて会社員とフリーランスで構成されています。出版界なら、出版社の社員編集者と作家・フリーライターなどです。「作品」を産み出すのはあくまでも作家です。一方、編集者をはじめとする出版社員の仕事は、簡単に言えば、作品を「商品」に変えてお金にすることです。商品として作品を流通に乗せ、書店で販売することで、作家（ライター）はお金を手にすることができ、出版社員の生活も成り立ちます。

どの業界にもフリーランスは存在しますが、表現の世界くらい、産業の中核をフリーが担っている世界もないのではないかと思います。**「作家になりたい」という願望は、「フリーランスになりたい」ということと、ほぼ同義**です。世に作家志望者は浜の真砂《まさご》ほどにも存在します。本書を手にされているみなさんは、私と同業の表現業者の方、一度は作家に憧れた方、現在も作家修行をされている方が多いのではないかと思います。

さて、なぜ40歳か。それは私のように大学にも行かず、就職もせず、20代でフリーになった人や、会社に勤めてから30代の比較的早い時期にフリーの表現業者になった人にとっては、**40歳を境にして、なぜか仕事が減って、生活に行き詰まってしまう人が多い**からです。これが本書で言う「自由業・40歳の壁」です。第1章では、なぜそうなるのかについて述べます。第2章以降では、その対処法と申しますか、「生き残り方」について、何人かの同業者へのインタビューをはさんで考えたいと思います。

サラリーマンをコツコツ10年~20年続けて、仕事の合間に小説を書き、新人賞を受賞するなどして、40代、50代で作家になる人もいます。こういう人は、たいてい専門領域が完成していて、最低限の社会常識が備わっていることが多いですから、本書の忠告は無用かもしれません。

学生さんや、上司の顔色をうかがいながら仕事をしているサラリーマンで、ほんとうは会社勤めをせず、クリエイティブな仕事に就きたい。時間に縛《しば》られず、組織にも縛られないで、好きな仕事を自分のペースでできる生活を送りたい。好きな時間に寝、好きな時間に仕事をしたい……心中ひそかにそんな生活に憧れを抱く人は多いでしょう。こういう虫の良い考えの人間は、世間にはかなり多いのです。そういう人に向けて「早まるな」という老婆心《ろうばしん》から、私はこの本を書いていると言えます。
とくに修業もせず、途中で学校を辞め、20歳でいきなりフリーランスの売文業者兼フリー編集者になってしまった私は、駆け出しの10年こそ、おもに金銭面で苦労しましたが、30代は比較的調子が良かったと言えます。30歳前後に『サルでも描けるまんが教室』（1990年、小学館、相原コージと共著。以下『サルまん』）という、現在も私の代表作と呼ばれる仕事ができましたし、いくつかの仕事が話題にもなりました。

そうした調子に陰《かげ》りが出はじめたのが40歳を越えたあたりからでした。39歳で遅い結婚をした私は、41歳で離婚し、これがケチのつきはじめでした。離婚の遠因を探るなら、**やはり40歳から少しずつ仕事が減りはじめた**ことが大きかったかもしれません。43歳で最初のどん底を迎え、文筆とは別のアルバイト生活を余儀なくされました。直後に大学の非常勤講師の口を得て、48歳で京都の大学で教授にもなりましたが、講義だけやれば良い非常勤講師ならともかく、事務仕事が多い専任教員は私の性に合わなかったようで、適応障害《てきおうしょうがい》を起こして心療内科のお世話になり、ツイッターで炎上し、ついに54歳で休職↓辞職する羽目に陥りました。見事に「壁」に突き当たってしまったのです。

本書は、そんな私の経験から、この世のすべての自由表現業者・自由表現業に憧れる人に向けて書かれた警世《けいせい》の書であると言えます。

フリーランスとホームレスの違いについて。

フリーランスとホームレスの違いは、住居と仕事があるかないか。これだけです。胸に手を当てて考えてみても、これ以外の違いが私自身よくわかりません。先に引用した「自由業者とは、時間に縛られず、雇用契約（会社組織）に縛られない人」という自由業の定義は、そのままホームレスの定義にも当てはまるのです。

世に完全な自由人がいるとすれば、それはホームレスでしょう。風の向くまま気の向くまま、宵越しの銭は持たず家も持たない、すなわち家賃を支払う必要がない。組織とも無縁。親戚付き合いはおろか人間関係も断っているので、いっさいのわずらわしさがない。あまりの羨《うらや》ましさに、私もときおり、失踪の誘惑に駆られるほどです。

吾妻ひでおというマンガ家がいます。氏は１９７０〜１９８０年代にはメジャー誌に連載を持つ、売れっ子ギャグ作家でした。しかし１９９０年代に入って創作に行き詰まり、仕事を捨て妻子を捨て家も捨てて、ホームレスになりました。現在は社会復帰してマンガ家に戻っていますが、ホームレス時代の思い出を『失踪日記』（2005年、イーストプレス）というマンガに描いています。

雪の山中での冬越し、コンビニやファーストフード店からの食料調達（そのうち残飯置き場に鍵がかけられる）、**不審者として警察に連行されたが、取り調べの警官が自分のファンだった**など、自由業の極北を見た人間の、泣き笑いの悲喜劇がこれでもかと展開する名著ですので、ぜひご一読を。

自由表現業者としてのフリーランスは、果てしなき夜の大海原《おおうなばら》を、星明りを頼りに舵《かじ》と帆のみで漂流する小舟にたとえることができます。作品がヒットすれば、羅針盤《らしんばん》やエンジン、燃料が手に入るかもしれませんが、それはかなりラッキーな人と言えるでしょう。マスコミに頻繁に顔を出す自由業者には、首尾よく羅針盤やエンジンを手に入れた人が多いです。しかし吾妻氏の例を見てもわかるように、自由業という船は、かりに売れっ子になって、羅針盤を手に入れたとしても、いきなり氷山にぶつかって沈むかもしれないのです。まさに「板《いた》子《ご》一枚下は地獄」の世界だと言えます。

自由業は本当に自由なのか。

ここで「自由業は本当に自由なのか」という根源的な問題を考えたいと思います。自由業は本当に自由なのでしょうか。自由と書いてあるから自由なのだろう、と字面《じづら》通りにうけとるのは素直すぎます。どこかに「民主主義」を国名に入れている独裁国家がありますが、世界中誰一人、おそらくは当該国の人民ですら民主主義国家だとは信じていないことにも通じるものがあります。

自由業は本当に自由なのでしょうか。自由なところも勿論あります。**労働時間が自分で調節できる**ことです。そもそも「朝、起きるのが嫌だ」「通勤ラッシュに揉まれるのが嫌だ」という中学生のような理由でフリー生活を選ぶ人間も多いのです。私がそれです。

出版業界には学歴も要《い》りません（社員編集者は別。あくまでフリーランスの場合）。私も大学に行っていません。専門学校抹籍です。なんの手続きもとらないで行かなくなったので、中退ですらありません。ですから最終学歴は高卒ということになります。それでも仕事さえできるなら、いっさい不都合がないのがこの世界です。言葉を換えれば、徹底した実力主義・実績主義がフリーの世界です。

それから**会社組織特有のわずらわしい人間関係がありません**。それどころか、会社に勤めている人がこちらを「先生」と呼んで敬語を使ってくれたりするのです。

こう書けば素晴らしい職業に聞こえるかもしれません。書店に置いてある「フリーライター入門」では、このあたりで記述を止めるのがふつうです。身も蓋《ふた》もないことを書いて読者を減らしたくないからですが、私は親切なので、その先を書きます。

まず労働時間を自分で調節できるのはそのとおり。朝7時に寝て、夕方の4時に起きることだって自由です。自由業なのですから。しかし**「締め切り」という恐ろしいものが存在します**。一般業界で言うなら納期。文筆業に限らず、どの業界でも発注があれば納期があるのは同様です。それが仕事というものです。ただ一般の業界であれば、仕事のための組織があり、役割分担があって、始業時間と終業時間が決まっています。

自由表現業にはふつう組織がなく、始業時間も終業時間もありません。これはよほど自己管理能力が高くないと、就業時間と生活時間と睡眠時間がゴチャゴチャになって、滅茶苦茶《めちゃくちゃ》な生活におちいることを意味します。ことに締め切り前の何日かは、仕事が24時間続いて休日も無くなるような、ブラック企業も真っ青の事態に陥ったりしますが、自業自得《じごうじとく》です。**自由業は時間をどのように使おうと自由ですが、結果は自己責任の世界**。締め切りを遅らせることも日常茶飯事ですが、あまりにひどいと仕事を失うリスクがあります。

会社員ほどではありませんが、人間関係のわずらわしさも存在します。仕事をする以上、人間関係を避けることはできません。文筆業なら、最低でも編集者との関係は存在します。さらに、あなたがいかにその編集者をウザいと思っても、相手はニコニコしながらあなたの35倍はウザいと思っている可能性を考慮する必要があります。

こう考えると、一般業界に比しての自由表現業のメリットは、**「学歴が関係ない」**ことに尽きるかもしれません。あなたの書く原稿（作品）がおもしろいか。売れるのか。ここさえ発注元の要求をクリアできるのなら、たとえ中卒だろうが、仕事は来ると思います。ちなみに「おふくろさん騒動」で晩年有名になった小説家で詩人の故・川内康範《こうはん》先生は、小学校しか出ていません。不条理マンガの巨匠・つげ義春先生も、小学校卒です。

まとめるなら、自由業はたしかに自由なのですが、あまりに仕事がいいかげんだとか、締め切りを破るなど不義理を働けば、作品が売れない限り、ホームレスに直結してしまいます。それが嫌なら、仕事先に気を遣い、締め切りを守り、厳密な自己管理とともに、サービス精神を旺盛にしておかなければなりません。誰が言ったか**「自由業、一皮剝《む》けば不自由業」**なのです。

自由には義務と責任がともなう。そんな当然のことを、なぜ私が縷々《るる》述べているのかというと、わかってはいるが、それができれば苦労はしない人が、良い歳をした大人でもかなり多いからです。まさに私自身がそうなのですが、朝、きちんと起きられないことから始まって、**社会常識が欠落している人が自由業を目指す法則**のようなものが、どうやらあるようなのです。

自由業者には2種類あると思います。**自由業に「なる」人と、「ならざるを得ない」人**です。

前者は会社員をやりながら余暇で作品を創り、充分な経験を積んでフリーになる人。後者は、さしたる経験も実績もなくフリーに「なってしまう」人。そんな人がいるのかと思われるかもしれませんが、けっこういます。これにも2種類があって、ひとつは学生など若い時期に小説やマンガの新人賞を受賞して、仕事が来るようになり、そのままプロになってしまう人。

もうひとつは、まさに私がそうなのですけど、学生時代やプー太郎の時期にアルバイトで業界に潜り込んで、そのまま就職せずフリーとしてプロになってしまうパターンです。

私ごときとは月とスッポンですが、スティーブン・スピルバーグ監督がこのパターンでした。スピルバーグ監督は、学生時代から映画監督になりたくてたまらず、アルバイトですらないのに関係者のふりをして、映画会社のスタジオに潜《もぐ》り込んでいたそうです。やがてスタジオ内に友達ができ、撮影スタッフとして仕事をするようになって、現在の地位にまで昇りつめました。

スピルバーグが母校のカリフォルニア州立大学を卒業したのは、なんと50歳を越えてからでした。学生時代から映画の仕事が忙しくなり、一度は中退したものの、卒業するために50代で再入学したのです。スピルバーグは極端な例かもしれませんが、フリーに学歴は関係がないという、良い例ではないかと思います。**フリーは実力がすべて**なのです。

フリーランスと軽度発達障害《けいどはったつしょうがい》。

スピルバーグに関してはもうひとつ、本書のテーマにも関連する重大な事実があります。スピルバーグはディスレクシア(LD=難読症、学習障害)なのです。それも中年になってから、すなわち映画監督として世界的な成功を収めてから、自分の障害の診断を受け、カミングアウトしました。

スピルバーグは自分の障害に気づいた後、子供時代に「変わったやつ」だとしていじめを受けたこと、うまくいかなかった数々の記憶を思い浮かべ、「人生の謎が解けた」という名言を残しています。

学習障害は発達障害の一種ですが、重い自閉症とは違って、知性や理解力には問題がありません。ただ、理解するための脳の仕組みが他人とは違っていて、生まれつき脳の一部の機能に障害があると考えられています。そのため理解に時間がかかったり、独特の理解をして、他人から不審がられたりするのです。症状によってディスレクシア（LD＝学習障《がくしゅうしょう》害《がい》）、アスペルガー症候群《しょうこうぐん》（AS）、注意欠陥多動症候群《ちゅういけっかんたどうしょうこうぐん》（ADHD）、高機能自閉症《こうきのうじへいしょう》、などとも呼ばれますが、これらの症状はミックスしていることが多く、最近は「自閉症スペクトラム（ASD）」または「軽度発達障害」などの呼称で呼ばれることが多いです。

かくいう私も軽度発達障害のうち、注意欠陥多動症候群（ADHD）の診断を受けています。**「自由業にならざるを得ない人」の中には、発達障害者が少なからず含まれている**と、私は考えます。いわゆる「オタク」には、対人コミュニケーション能力に欠ける人が多いと言われます。もしかするとオタクにも、隠れ発達障害者が相当数含まれているのかもしれません。

　作家・芸能人・スポーツ選手には発達障害者が多いと言われています。名前を挙げると「え？　あの人が？」と言われるような有名人で、じつはそうだという人がいます。カミングアウトしている有名人では、スピルバーグのほかにクェンティン・タランティーノ、トム・クルーズなどがいます。**世間で天才とか鬼才と呼ばれる人には、少なからぬ割合で発達障害者が隠れているのではないか？**と私は疑っています。彼らはたまたま傑出した才能があったから仕事ができ、天才あつかいもされ、有名になれたのであって、さもなければたんなる奇人・変人・ボンクラで人生を送る危険性がありました。

　発達障害について語るだけで、本が1冊書けてしまいます。世間には知性に問題がなく、ＩＱはむしろ高い傾向にあるのだが、規則正しい生活を送ることや、コミュニケーション能力に障害を持ち、組織の中で生きることに困難を抱える人間が想像以上に多いものだと知ってもらいたいのです。そして、**そういう人間にうってつけの場所がフリーランスの表現業な**のです。

　そこでは**たとえ発達障害者であっても、それがそのまま「個性」として受け入れられ、好きなこと・得意なことを思う存分発揮することが可能**です。そして、そういう人間の前に立ちはだかるのが「40歳の壁」なのです。

まずは、あなたが自由業に憧れた理由を、よく思い出してください。それが「時間にも人間関係にも縛られず、好きなことができるから」というものであったなら、一度、自分が発達障害ではないか、ネットや書物の自己診断で調べてみてください。私のようにあまりにも思い当たる記述が多かったら、専門医に診察してもらうことを真面目にお勧めします。

プロとアマはどこが違うのか？

自由業もプロフェッショナルであります。雇い主や給料こそありませんが、仕事の依頼主がいて、代価が支払われる以上、立派なプロです。**プロとアマの違いはひとつしかありません。自分の仕事がお金になり、それで生活ができることです。**

よく勘違いされるので、書いておきます。プロは、アマチュアより才能があるからプロなのではありません。世間には、プロ以上に優れた作品が書けるアマチュアがごまんといます。

文学新人賞の審査の下読みをした人から聞いた話ですが、落選する応募者の中には、三島由紀夫や谷崎潤一郎のような名文を書く人がかならず紛《まぎ》れているそうです。名文なのになぜ落選するのか？　と言うと、一番の理由は「売れるフック（引っかかり）」が見当たらなかったのだと思います。文学賞受賞者の中には、若い学生で美貌《びぼう》の女性だったり、歌手やタレントとして活躍している人だったり、ふつうの人が驚くような過去を持っていたり、作家その人に「売れやすいフック」がある場合が多いです。過去の芥川賞受賞者を思い出してみれば、おわかりかと思います。

ある程度の内容がある文章が書け、「売れるフック」、たとえば暴走族の総長出身で、少年院で処女小説を書いたというような派手な特徴があれば、比較的容易にデビューはできると思います。

しかしあまりにも芸術家肌で、編集者の言うことをまったく聞かないとか、締め切りを無視してマイペース過ぎる仕事をするということが重なると、プロとして続けていくことは困難だと思います。

私は**「作家の才能と、プロの才能は別もの」**だとよく言います。芸術的な才能があれば作家にはなれますが、これはプロ作家としては必要条件にしか過ぎません。編集者の注文を聞き、締め切りを守れることが「プロの才能」で、これが十分条件になります。プロとして最低限の約束事を守った上で、芸術的才能を十全に発揮できる人が、長く続けられる一流のプロフェッショナルなのだと言えます。

ただし例外もあって、**どんなに締め切りが遅れても、どんなに社会的常識が欠けていても、書く本がかならず10万部以上売れるなら、プロ作家として十分通用します。**これも覚えておいて下さい。

ここまで、そもそもフリーランスとは何かについて書いてきました。第1章からは私のフリーランス人生、そして「自由業・40歳の壁」とは何かについて詳しく書いていきたいと思います。

フリーランス、40歳の壁

——自由業者は、どうして40歳から仕事が減るのか？

目次

目次

序章 フリーランスは自由という名の業《ごう》である。

第1章 自由業者《フリーランス》・40歳の壁。

第4章 50歳の壁はさらに高い。

第5章

田中圭一《たなかけいいち》

サラリーマンとマンガ家を両立させる男。

第6章 『電脳マヴォ』と私の未来。

第7章 FROGMAN《フロッグマン》 アニメ界の革命児が直面した「30歳の壁」。

第8章

都築《つづき》響一《きょういち》

還暦を迎えても奔放なフリー人生。

第9章 フリーランスの上がりとしての創業社長。

第1章

自由業者《フリーランス》・40歳の壁。

業界人になってしまった。

これから、私の人生の軌跡を綴《つづ》ってみようと思います。かなりハチャメチャな内容になると思いますが、すべて事実です。

本書では何人かの自由業者にも取材して、それぞれの人生をお聞きしていますが、多くは私と同世代（50代）です。同世代の自由業者に総じて言えるのは、**「時代に恵まれた」**ということです。もちろんここでいう時代には「若い頃の」という限定がつきます。

私と同世代は、全員が１９８０年代に青春を過ごし、キャリアをスタートさせた組です。つまり、バブルを経験した世代だということです。

私はとくに才能があったわけではなく、一番なりたかった職業（マンガ家）には挫折して、次善の策でフリーライターになりました。なんでも書けるライターではなく、マンガレビューや、後に「オタク」と称される趣味的な分野専門の、かなり限定された専門ライターでした。１９８０年代は、周囲を見回しても、そういうフリーランスが多かったと思います。最低限の才能があるなら、後は勢いとノリで仕事ができてしまったのです。自由業の天国みたいな時代でした。

1980年代初頭にリクルートが『フロム・エー』というアルバイト情報誌を創刊し、CMで「フリーター」という言葉を流行らせました。いまでこそフリーターは人生の落伍者《らくごしゃ》のようなニュアンスで受け止められますが、バブルが弾《はじ》けるまでは「会社に縛《しば》りつけられない自由な生き方」をあらわす、アクティブで肯定的な言葉だったのです。正社員にならなくとも、仕事はいくらでもあるので、バブル期には「一生フリーターで良い」と考える若者も多かったのです。

20歳で家出する。

私はもともと壁新聞を作るとか、ミニコミ（同人誌）を作って家族や友人に配ることが好きな子供でした。

マンガも大好きで、いずれマンガ家になりたいと小学校時代から考えていましたが、高校卒業後にのちにプロのマンガ家となる男と出会い、彼が描く作品のあまりの達者さに驚愕《きょうがく》して、マンガ家になることを断念しました。彼の名は藤原カムイと言います。『少年ガンガン』で『ロトの紋章』というドラクエマンガを長期連載していたマンガ家と言えば、わかる人も多いでしょう。

思春期になったあたりで、私は両親と険悪な関係になりました。おもに私の進路を巡って対立したのです。私は、親が望むような、ふつうに大学を出てサラリーマンになる道が、つまらなく思えてしかたがありませんでした。

とくに母親が口やかましく、しかも彼女は人の話が聞けない人で、自分の主張を一方的にまくしたてる人でした。私も我が強いタイプだったので、かなりひどいケンカになりました。私は、母親と口論になって、激昂《げっこう》した彼女から味噌汁を頭にかけられたことがあります。

1980年、一柳展也《いちりゅうのぶや》の「金属バット両親撲殺事件」という有名な事件が起きました。父親が東大卒で、一流の学歴の家庭に育った一柳展也が、成績に対する親のプレッシャーに耐えかね、ある日、寝ている両親を金属バットでめった打ちにして殺したのです。私は一柳展也の事件を知って、ぞっとしました。

美大入試に失敗していた私は、デザインの専門学校に通いましたが、1年で辞めてしまいました。私が編集していたミニコミを通じて知り合った雑誌編集者が、その会社が出していた自販機雑誌の編集長をやるので、手伝わないかという誘いに乗ったためです。自販機雑誌とは、いまや絶滅している出版ジャンルで、自動販売機だけで売っていたエロ雑誌のことです。

エロ本であろうがなんであろうが、雑誌の仕事ができるということで、私は躊躇《ちゅうちょ》無く学校を辞め、家出をしました。このまま家にいたら第2の一柳展也になりかねないと思ったからです。一柳以外にも「親殺し」のニュースが連日のようにマスコミを賑わせている時代でした。

私に声をかけた編集長は私よりも1歳上で、まだ21歳の家出少年でした。ほとんど素人同然の人間が編集長をやっていたのです。自販機本業界は、それくらい、いいかげんな世界でした。ヤクザではありませんが、堅気《かたぎ》ともいえません。

1981年に家を出たとき、私の全財産は5000円しかありませんでした。それだけ持って、私は編集長のアパートに転がり込みました。ムチャクチャな話ですが、当時の私は家を出たくてたまらなかった（親の顔が見たくなかった）のです。貧乏は覚悟の上でしたが、アルバイトでもなんとかなるくらい、時代の景気が上向いていました。

一番好きなことは仕事にしないほうが良い。

私が人生で最初に原稿料をいただいた仕事はエロ雑誌のエロ記事だったのですが、このときの私は女性の身体もよくわからない童貞でした。よくも書けたものですが、仕事は選べません。文章の質も問われませんでした。

自動販売機で売るエロ本ですから、一番重要なのは表紙の写真です。表紙さえエロければ、極端な話、中身は数式でも良かったのです。ひどい話です。生活がかかっていましたから、必死で最後まで書き上げました。

先にも書いたように、私はマンガ家志望でしたが、オール・オア・ナッシングな性格で、自分が一番になれないと思ったら、あっさり諦《あきら》めてしまうところがあります。このときもそうでした。それで2番目に好きだった編集と文章の仕事をはじめたのです。

一番好きなことは仕事にしないほうが良いと思います。表現の仕事で重要なことは、自分の仕事を客観的に見られるかどうかだからです。私が曲がりなりにもライターとしてこの歳まで仕事をしていられるのも、文章を書くことが、死ぬほど好き、というわけではなかったからかもしれません。

マンガ家にも、小説家にもなれなかった私は、いわゆる「フリーライター」になりました。フリーライターも作家の一種ですが、出版業界では、フリーライターは編集者の注文で内容まで決められて文章を書く「雑文屋」のことであって、なかなか作家あつかいはされません(もう少し自分が出せるライターのジャンルもあって、それはエッセイストやコラムニストと呼ばれます。この場合は作家あつかいされます)。

23歳で初単行本『色単』を出す。

私が23歳で最初に出した本が『色単　現代色単語辞典』(1983年、群雄社出版、図1)です。これは庄内良介氏(小説家・友成純一氏)との共著です。

当時の群雄社出版の社長と出版局長が、「おい、お前、最初に親から辞書を買ってもらったとき、どんな言葉を引いた?」「そりゃあ、スケベな言葉を引いたな」「だろう? なら、スケベな言葉しか載っていない辞書を作ったら、売れるんじゃないか」というのが企画会議でした。誰に作らせようかとなったときに、そういえば最近、竹熊という若いのがうちに出

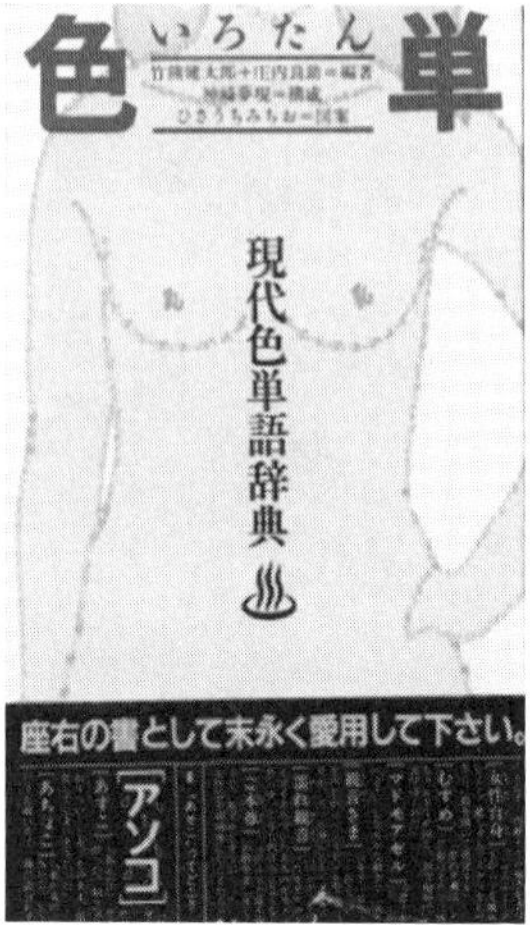

図1
竹熊健太郎+友成純一著
『色単　現代色単語辞典』1983年、
群雄社出版

入りしているから、あいつに作らせよう、ということになったのです。

友成さんと神保町中の書店を回り、ダンボール2箱分くらいのエロ本・官能小説を購入しました。本の中に出てくるエッチな単語・言いまわしに赤線を引き、それをカードに書き出して、4000枚の単語カードができました。これを私が当時住んでいた江古田の安アパートに運び込み、6畳間いっぱいに言葉の種類ごとに分類し、類語辞典《シソーラス》にしたのです。単純なアイウエオ順なら編集は楽だったのですが、手間がかかるシソーラスにしたのは、「読みもの」として読みやすく、おもしろい本にしたいと考えたからでした。この分類作業が予想以上に時間をとり、私の部屋は数ヵ月の間、布団も敷けない状態に陥りました。ひさうちみちお氏に挿画を頼んで、本ができるまで半年かかりました。

思えばパソコンもない時代、よくもこんな面倒な本を作ったものです。若さゆえの暇と情熱の産物でしょう。いまでも『色単』を見ると胸が熱くなります。

本文の大半は友成さんが書き、全体の構成・編集・付録執筆を私がやりました。私にとっては、「編集家」の仕事と言える最初の本です。その後、編集とライターを兼務する本を何冊も作りましたが、版元にとっての私は、安いギャラで編集を含めた面倒な仕事をしてくれる、便利なライターだったかもしれません。

『色単』の初版部数は1万5000部。出版不況のいまとなっては大した数字かもしれませんが、当時は、いまよりはるかに本が売れた時代だったのです。バブルの最中、大手の編集者に『色単』を見せたところ、「うちだったら初版5万は刷るなあ」と言われたことを覚えています。

『色単』は軟派な本ではありましたが、シソーラス辞典として、本気でカッチリ作りました。いうなれば辞書のパロディなのですが、パロディは完成度を追求することがおもしろくする鉄則です。「こんなアホな内容を、ここまで一所懸命作ったのか？」と読者に呆れられたら成功です。

「アホな内容を真剣に作る」ことは、のちの私の仕事の基本パターンになりました。それは1980年代という、無思想・享楽的・狂騒的な時代のムードそのものだったと思うのです。

チャンスはかならずやってくる。

私の20代は、藤原カムイと相原コージ、２人の作家との出会いで切り開かれたと言えます。カムイは１９８０年代前半にマンガ家デビューして売れはじめ、双葉社などの中堅版元や、講談社、小学館といった大手版元で仕事をするようになりました。そして編集者を私に紹介してくれたのです。カムイの小学館ビッグコミックスピリッツでの担当者が、のちに私が相原コージくんと組んで連載する『サルまん』の担当者江上氏でした。この江上さんと出会ったことで、私の運命は大きく変わったのです。

江上氏とはさっそく企画記事をふたつほどやりましたが、その後にやった企画『落日新聞』で決定的に親しくなりました。

きっかけは当時スピリッツで仕事をしていた人気マンガ家のEさんが、連載9回目の完成を待たずに失踪してしまい、雑誌に穴が空いたことです。

ふつうこういう場合、あらかじめ編集部でプールしていた新人作家や投稿者の入選原稿を「代原」として使うことが一般的なのですが、編集長だった白井勝也氏の鶴の一声で、急遽「作者が失踪して雑誌に穴が空いた」事実で特集記事を作ることになりました。

私は、担当の江上さんが血相変えて吉祥寺の私のアパートに駆け込んできた日のことを忘れません。「明日の朝までに雑誌の穴を8ページ埋めてくれ!」という依頼も私の人生で最初で最後でした。この穴埋め記事にイラストが必要になり、同じ吉祥寺に住んでいた相原コージくんの家まで、深夜に頼みに行ったのですが、これが相原くんとの初仕事でした。

この時期スピリッツは発行部数が160万部ありました。その大部数で、ここまで赤裸々な内幕暴露企画は前代未聞でした。編集部に来た反響は凄まじかったと聞いています。

私が『落日新聞』をやったのは1987年の正月。私は、決して仕事が早いライターではないのですけど、このときは「考える暇がない」「打ち合わせに時間がかけられない」「編集部にもボツを出す余裕はない」という文字どおりの待ったなしでしたので、反対にスラスラできました。いま振り返っても、夕方4時から翌日の午前11時までに、企画からフィニッシュまで完遂《かんすい》したことが、その後の私のキャリアに大きく影響したことは間違いないと思います。記事の評判も良かったことから、ライターとしての私の評価につながったのです。

『サルまん』が大ヒット。

『落日新聞』のあと、相原コージくんと組んでスピリッツに連載した『サルまん』は、私の代表作になります（図2）。

『サルまん』は「マンガ入門書に見せかけたギャグマンガ」です。いまでもたまに「私、サルまんを読んでマンガの勉強をしました！」と言う後輩作家さんに会うことがありますが、私にしても相原くんにしても目をパチクリするしかありません。まともな入門書として書いたつもりがないからです。

『サルまん』は、大ヒットマンガ家を目指して4畳半一間で共同生活をしているマンガ家の卵「相原」と「竹熊」が、さまざまなジャンルのマンガ、版元や編集者の傾向と対策を研究し、作品内作品『とんち番長』で大ヒットを飛ばし、大豪邸に住むまでになるが、作品がマンネリ化してスランプに陥り、人気作家から凋落《ちょうらく》して、最後は新宿公園のホームレスになるマンガです。

マンガ家も人気商売。「人気商売の宿命」をテーマにしたわけですが、連載を開始したときの私は29歳、相原くんは26歳でした。おたがい「この作品を描くことで自分たちは作品が作れなくなるかもしれない」と自嘲していました。「板子一枚下は地獄」というフリーの宿命をわかっていながら、あえてそれをギャグとして描いたわけです。**究極の自虐ギャグ**と言えるのもしれません。

私が『落日新聞』で最初のチャンスをつかんだ1987年から、89年〜92年の『サルまん』を経て、サブカルチャーの知られざる偉人たちにインタビューした『篦棒《ベラボー》な人々』（1997年、太田出版）、『新世紀エヴァンゲリオン』監督の庵野秀明氏に取材した『庵野秀明スキゾ・エヴァンゲリオン』『庵野秀明パラノ・エヴァンゲリオン』（1997年、太田出版）の2冊を上梓した90年代終わりまでが、私のライターとしての絶頂期だと言えるでしょう。

図2
竹熊健太郎+相原コージ著
『サルでも描けるまんが教室』1巻
1990年、
ビッグコミックスピリッツ

『サルまん』第1巻は20万部、『篦棒《ベラボー》な人々』は2万部、『スキゾ＆パラノ・エヴァンゲリオン』は各10万部出ました。当時は当たり前のように100万部出るマンガがありましたから、たいしたことはありませんが、これを書いている現在の出版状況から比べたら、1万部を超えたというだけで、夢のような数字です。バブル時代と『サルまん』の連載期間は、ほぼ重なっています。

さて、これから私は、いよいよ「40歳の壁」について書きはじめたいと思います。書き進めるうちに鬱《うつ》になって行く自分を感じますが、書くしかありません。あなたがフリーランスでなくとも、誰もがいずれは通る道だからです。**逃げることはできないのです。乗り越えるしかありません。**

フリーランサーの結婚について。

1999年、39歳で私は遅い結婚をしました。相手は16も年下の女性でした。もともと私のファンだったということで、それまで2回、出版社のパーティ等で会っていたのですが、37歳のある冬の雪の日、手作りの人形を手にして私のマンションのドアホンを鳴らしてきたのです。自宅に案内したことはそれまでありませんでしたので、名刺の住所を見てやってきたのだと思います。

雪が降っていたので、私は彼女を部屋に導きました。それであんなことや、こんなことになってしまいました。それはそうでしょう。この状況で自分より一回り以上も若い女性が部屋にやってきたら、誰でもとりあえずそうなってしまうでしょう！

私は長い間、結婚を躊躇《ちゅうちょ》していました。20代からずっと不安定な生活が続いていたからです。フリーランスの結婚は、とくに**20代の早い時期にフリーになった人の場合、早婚か晩婚のどちらかになる可能性が高い**です。理由は、収入が不安定だからです。20代前半に若さの勢いで早婚する人も多いのですが、別れる確率もそれなりにあります。とくに夫婦とも自由業者で、**奥さんが旦那よりも売れたケースは非常な高確率で別れます。**旦那が精神的に腐ってしまい、それに奥さんが愛想をつかすパターンが多いです。

フリーとして確定申告をして初めて知ったのですが、**文筆業者と漁師と真珠の養殖業者は、３年間の平均所得で申告できる**のですね。年収が平気で2〜3倍は増減するからです。私も『サルまん』の最初の単行本が出たときには、年収がそれまでの3倍になりました。これは**裏返して言うと、平気で収入が３分の１にもなるということです。**いかに不安定な職業かということです。

私の結婚生活は、わずか1年半で終わりを告げました。相手も若かったし、私は私で、「女性が向こうから雪の日にドアホンを押してくる、このチャンスを逃すと2度と結婚はできないのではないか」と血迷って、判断を急ぎすぎたといえます。どこか人生を不真面目に考えていたバチが当たったのでしょう。

39歳で結婚し、41歳で別れたのですが、40歳になったあたりから、少しずつ、仕事が減りはじめたということもありました。たぶんこれが、離婚に至る大きな理由だったと思います。

40歳から自由業者の仕事が減る理由①。

2000年に40歳になりました。当時もまだ雑誌や新聞にコラムを書いたり、マンガの原作を書いたりしていましたが、とくにヒット作があるわけではなく、10年前に手がけた『サルまん』の神通力もだいぶ落ちてきていました。

自由表現業者は、5年に1作、話題作があるのが理想です。話題だけではなく、ヒットすれば良いのは当然。しかしヒットには至らなくとも、多少話題になるだけでも「名前を忘れられない」という意味で、良いのです。5年間というのは、前の話題が効力を発揮する期間です。

仕事が減ってきた理由のひとつには、たんに依頼が減っただけではなく、依頼される仕事がどれも同じようなものばかりで、嫌になってきたこともあります。30歳前後に連載した『サルまん』は、ギャグマンガなのですが、「マンガ業界、マンガという表現そのものを風刺し、ギャグにした」というメタな構造を持ったギャグ作品で、マンガそのものがマンガに対する批評になっていた作品でした。

そのため、『サルまん』以降の私の仕事は、「マンガ評論家」としての仕事がメインと言えるほど、増えていたのです。

40を境に、仕事が減りはじめた理由は、私の場合、次のふたつです。

①「マンガ評論家」の仕事に嫌気が差して、断り続けたこと。
②依頼元（出版社）の担当編集者が、年下になっていたこと。

①については自業自得だと思っています。『サルまん』が1992年に完結してから、私には似たような仕事が殺到しました。「現在大ヒットしている◯◯という作品について紹介してください」「いま、一番流行っているマンガについて教えてください」というような、

評論とも呼べない「マンガ紹介文」の依頼ばかりが来たわけです。気がついたら、私の仕事は「マンガ評論家（という肩書きのマンガ紹介業）」になっていました。

つねに私には「誰もやったことがないような、新しい作品を作りたい」という意欲がありました。それはあるときは文章でしたが、あるときはマンガであり、あるときは映画であったりしました。私はダ・ヴィンチではありませんので、どんなことでもできるわけではありません。若い頃はあれこれやりましたが、結局自分にとって一番好きというわけではない、文章の仕事に戻ることになりました。**自分にとって好きなことと、得意なことは違うのです。**

手塚治虫が良い例です。彼は子供の頃からアニメが好きで、アニメ監督になることが第一の目標でしたが、成功したのはマンガであって、設立したアニメ会社を倒産させるなど、アニメで成功したとは言えません。手塚の口癖は「マンガは本妻、アニメは愛人」というものでした。

『サルまん』以降、似たような「マンガ紹介文」の依頼が殺到したことに、私は困惑していました。いつの間にか私は、「マンガ評論家」の第一人者のようになっていました。テレビでマンガ特集があれば、出演するようにもなっていたのです。

ふつうに考えれば、これはライターとして「専門分野」ができたということであり、ラッキーな話だと言えます。**しかし私は、あくまでマンガの作り手の側に立ちたいので、マンガを学問として研究するとか、他人のマンガを語ることには、それほど強い興味がなかったのです。**

しばらくして私は、この業界の「ある法則」に気がつきました。**なにかの仕事が当たったら、それ以降の仕事は「過去の当たった仕事と同じような仕事」が舞い込む、という法則です。**１９８０年代に『色単』を出したら、それからしばらくは「エッチな言葉や表現」に関する文章の仕事が増えましたし、『サルまん』が当たったら、それ以降は『サルまん』のようなマンガの原作仕事や、マンガ評論の仕事が増えたのです。

何度も書きますが、これはプロライターとしてはチャンスなのです。しかし私は、似た仕事の繰り返しにだんだんうんざりして、そのうちマンガを好きで読むのではなく、「仕事として読む」状態になってしまいました。しまいには、マンガを読むことが苦痛にすらなったのです。私は、マンガ批評の依頼を、だんだん断るようになっていきました。プロライターとしては自殺行為だったと思います。

マンガ原作を含めた、作品を作ることに関しては、私はいまだに強い関心を持っています。ただ、少なくとも１９９０年代の時点では、私が考えるマンガ原作（マンガプロデュース）

のやり方は、ほとんど受け入れられませんでした。当時は文章によるシナリオ原作が主流でしたが、私はネーム（マンガの絵コンテ）段階にまで作者として介入しようとしたからです。

いまもマンガ家と原作者のトラブル話はけっこうあります。こうなる理由は、共同制作では一番重要な「その作品の監督は誰か」という問題を、うやむやのうちにはじめてしまうことが原因です。映画と違って原作つきマンガは長い間、その作品の監督は誰か（原作者なのか、マンガ家なのか？）という部分がはっきりしていなかったのです。

２０００年代に入って、『デスノート』（原作・大場つぐみ、マンガ・小畑健、２００３〜２００６年、週刊少年ジャンプ）が大ヒットして以降、原作者がネームを描く「ネーム原作」がマンガ原作の主流になりましたが、１９９０年代の時点では、ネームは絵を描くマンガ家の仕事であって、原作者がネームにまで口を出すのは越権行為でした。そこに介入できない不満から、私はマンガ原作者を、なかば廃業してしまいました。私にとってのマンガ原作とは、ネームまで原作者が手がけるものだったからです。この場合はマンガ原作者ではなく「マンガ監督」と呼ぶべきかもしれません。

40歳から自由業者の仕事が減る理由②。

さて②の、担当編集者が年下になる問題に移ります。これはある意味で①より深刻な問題です。①は、私のワガママと言ってしまえばそれまでですが、②に関しては、これは生物学的な問題ですから、どうしようもありません。

まだ私が20代だった頃、当時で55歳くらいのBさんというフリーカメラマンと組んで何度も仕事をしたことがありました。有名カメラマンになれば、名前で仕事が来る「先生」もいますが、Bさんは編集部から依頼されて、雑誌の注文に応じてどんな写真でも撮る無名のプロカメラマンでした。私に対しても腰が低く、「Bさん、次はあそこの位置からあの建物を撮ってください」と言うと、「はい」と言って三脚を抱えて走って行くような人でした。とても良い人だったのですが、年下の私が自分の親に近いような年配のカメラマンにあれこれ注文をつけることには、いささか気が引けたことを思い出します。

周囲の編集者も20〜30代が大半で、40代になるとそろそろ編集長になる人も出てきます。編集長は管理職ですから、現場でフリーと接することは、基本的にはありません。55歳のBさんは、日常的には、自分の子供のような担当編集者と仕事をすることになるのです。よほどの大家か、または「動物写真」のような特殊な専門領域があれば別ですが、Bさんのような自分の親くらいの年齢の「なんでもカメラマン」に自分から仕事を頼もうと思う若い編集者は、なかなかいません。

それでもBさんに仕事が来ていたのはなぜでしょうか。**それはその雑誌の編集長、またはその上に出世している出版局長などと若い頃に一緒に仕事をしていて、お友達だったからです。**

「上の人間」と仲が良かったら、編集会議のときに上の人間が、「この企画は誰に写真頼もうか。おう、そうだ。Bさんなら器用で仕事が早い。お前、Bに連絡しろ」と言い出す可能性が高いのです。担当編集者は、内心（またBさんか。気が重いなあ）と思ったとしても、上司の指示ですから逆らうことはありません。業界で長くフリーとして仕事ができる人は、ほぼ、次のどちらかです。

①特別な才能（または専門領域）を持っていて、余人をもって代えがたい「先生」になっている人。

②キャリアがあって、出版社の偉い人とお友達である人。

真の意味でのプロ作家・浦沢直樹。

浦沢直樹さんの代表作に『YAWARA!』（1986〜1993年、ビッグコミックスピリッツ）という作品があります。美少女が柔道選手になって、オリンピックに出るスポーツマンガです。浦沢さんは、もともと男性的でハードボイルドなアクションと、ひねりの効いたストーリーものでデビューした人で、女性、ましてや美少女を描くことは苦手だったと言います。しかし彼が『YAWARA!』を描いた1980年代後期は、男性誌での「美少女もの」の最初の全盛期でした。浦沢さんはヒットを狙うため、意識的に、苦手だった「美少女」を主人公にしました。

果たして『YAWARA!』はアニメ化され、大ヒットしました。浦沢さんは振り返って、「『YAWARA!』は僕にとっては最大の実験作だった」と言います。苦手な美少女ものなど、当初、彼には描く気がなかったからです。しかし読者に受けること確実の美少女ものに、あえて彼は挑戦し、勝ったのです。『YAWARA!』の大ヒットは、浦沢直樹を売れっ子作家に育て上げました。

その次に彼は『HAPPY!』（1993〜1999年、ビッグコミックスピリッツ）という、やはり美少女が主人公のテニスマンガを連載し、人気を盤石《ばんじゃく》なものにした後、まったく違う作風で、勝負作『ＭＯＮＳＴＥＲ』（１９９４〜２００１年、ビッグコミックオリジナル）というサイコスリラーものを連載し、これも大ヒットさせました。

本当なら、浦沢さんはデビューしてすぐにでも『ＭＯＮＳＴＥＲ』のような作品を描きたかったそうです。しかし『ＭＯＮＳＴＥＲ』は複雑な心理サスペンスで、新人が描いたらマイナー作品として葬《ほうむ》られる危険がありました。

そこで浦沢さんはまず「戦略的に」受けを狙って『ＹＡＷＡＲＡ！』をヒットさせ、圧倒的な実績を築き上げることで、「描きたい作品が描ける」作家に自分を鍛え上げたと言えます。これは誰もが考えますが、実現は至難の技です。私はあそこまで商業作家としての戦略を立て、実行し、成功した作家を見たことがありません。作家はつい「自分の描きたいものを描くんだ！」と思いがちですが、**プロ作家として成功するためには、自分の苦手なものでも描かなければならないことがあるのです**。芸術家肌の作家と、プロ作家は違います。浦沢さんは、ほんもののプロ作家だと私は思います。

広い部屋より、狭い部屋に越す方が難しい。

中年期に入ってからの自分の最初のどん底が、43歳でした。この頃「マンガ紹介文」の仕事を断り続けたせいもあって、仕事がほとんどなくなってしまったのです。私のような「嫌な仕事はやりたくない」タイプのフリーは、中年になったら、真っ先に仕事がなくなります（例外は都築響一さん。第8章をご覧ください）。まさに「自業自得」。

フリーが生きて行く要諦《ようてい》は、なにかの仕事が当たったら、そこから「自分の二番煎《せん》じ」を続けることに耐えられるかです。二番煎じ、三番煎じを平然とやれて、しかも（ここが難しいのですが）「マンネリ」だと読者に思わせないことが肝心です。

たとえ二番煎じであっても、そこになにか新しいアイデア、プラスアルファが加われば、マンネリとは言われません。むしろパターンの部分はその作家の「個性」として、ファンに「待ってました！」と受けとられることにつながります。落語家が、同じ古典落語を一生涯、話し続けるようなものです。うまい落語家は、たとえ同じ演目であっても、噺《はなし》のマクラに時事ネタを入れるなど、絶えず噺が新鮮に聴こえるよう、工夫しているものです。こういうことは、勉強し続けていなければ、できません。

フリーにとっての40代は、自分の「マンネリズム」との戦いだと言えるかもしれません。

作家を含めたフリーランスは、ふたつのタイプに分けられると思います。**ひとつのパターンの仕事をえんえんと続けることができる「職人タイプ」と、つねに新しいテーマや手法を開拓しようとする「芸術家タイプ」です。**もちろんどちらのタイプにも勉強・研鑽《けんさん》が必要になります。

残念なことに私は職人タイプではありません。どちらかと言われれば芸術家タイプなのですが、芸術的才能に乏しい芸術家タイプです。新しいアイデアは思いつくのですが、それを形にするためには新しい勉強が必要になり、勉強の段階で、すぐにめげてしまうダメなタイプです。

42歳から仕事が目に見えて減りました。「マンガ紹介文」の仕事も断るだけでは後がないので、来ればしかたなくやるようになりましたが、それ以前に2年近くも、なんだかんだと理由をつけて断っていましたので、仕事自体、あまり来なくなっていました。40歳のとき、結婚を機に町田に一戸建てを借りたのですが、これは子供ができたからではなく、本が家中を占領していて、とうとう2部屋程度では収納スペースが間に合わなくなったからです。東京の外れにある町田駅から、さらにバスで15分（徒歩だと40分）もある僻地《へきち》に家を借りたのは、ひとえに家賃の問題。この戸建てに引っ越したとき、運び込んだ書物の段ボールは250箱にもなっていました。

それまで20年以上、金があれば使い果たし、無いなら無いで我慢《がまん》するだけの無計画な生活をしていましたから、家計簿など当然つけていません。本当なら個人事業主として青色申告でもすればかなりの節税になったはずですが、青色は面倒くさくて、とうとう白色申告で押し通しました。

私は車の免許を持ちませんでしたので、そちらの出費はなかったのですが、本やビデオ、LD《レーザーディスク》（当時、DVDはまだ出ていなかった）の数が増えてくると、それを収納するために広い部屋に越すことになります。当然、家賃も上がります。吉祥寺に住んでいた頃、76平米の古いマンションを借りていましたが、家賃は20万でした。町田に借りた一戸建てはいままでで一番広く、110平米ありましたが、家賃は13万。それだけ不便な場所に借りたわけです。

町田の家では、一部屋を書庫にし（図書館みたいに部屋の中央にも本棚を立てた）、それ以外にも部屋と廊下、壁という壁に書棚を設置して、ギッシリ本を収納していました。離婚し、広い家にポツンと取り残されたとき、収入が減っていたこともあって、私は本気で生活のダウンサイジングを決意しました。

古本屋を呼ぶこと20〜30回。たぶん、150万円分くらいの本を売ったと思います。**古書はブックオフのような新古書店に売ってはなりません。**なるべく老舗の、1冊1冊を査定してちゃんと値をつける古書店に売るのがコツです。こういう古書店は、大量なら、車で引き取りに来てくれます。

6畳間の床一面にびっしり本を敷き詰めて、胸の高さになるくらいは本を売ったと思います。かくして44歳のとき、小田急相模原の、築40年のオンボロ2DKマンションに越すことができました。家賃は7万円。町田の13万の借家に住んでから、4年かかりました。**広い家に引っ越すことより、狭い家に越す方が難しい**と実感。家が広ければ広いほど、家財が増えてしまうからです。

泥棒しようかという考えが頭をよぎった瞬間。

小田急相模原に引っ越したある日、貯金がまったく無くなり、財布にもあと数千円しか残っていなくて、深夜まで悶々《もんもん》と「いっそ泥棒しようか」と考えたことがありました。こういう場合、ふつうなら出版社に企画を持って行くとか、親や友人に泣きつくとか考えるものですが、そのときは本当に荒んだ気分になっていたのです。「魔が差す」とはこういうときを言うのでしょう。それまでに雑誌の企画が3つほどボツにされていたこともあります。

インターネットには、非合法スレスレ、または完全に非合法な情報が載っているサイトがあります。だいたい暇つぶしに読むだけなのですが、このときばかりは真剣に読み漁りました。なるべく他人に迷惑をかけない、平和的な泥棒はないかなとサイトを物色していたら、「自動販売機のコインを取り出す方法」という記事に目が留まりました。

詳しく書くのは語弊がありますので、手段についてはぼやかしますが、ある方法を使うと自動販売機のコインがスロットマシンのようにジャラジャラ出てくるということが、堂々と書かれていたのです。「ホンマかいな」と思いましたが、たまたま私は必要な道具を持っていましたし、明らかに犯罪ではありますが、対人的な犯罪ではなく、深夜の人目につきにくい自動販売機を狙えば大丈夫だろうと思って、試してみる気になったのです。

表通りは避け、なるべく人目につきにくい、裏通りの自動販売機で試してみることにしました。高校時代、エロ本を売っている自動販売機でドキドキしながらエロ本を購入したとき以来のドキドキでした。

結論を述べます。インターネットの情報はインチキでした。何度試しても、自動販売機からは一銭も出てきませんでした。苦笑とともに、私は帰宅しました。

翌日、私はどうしたかというと、質屋にデジタルカメラを入れ、リュックいっぱいに本を詰め込んで、古書店で数千円に替えて急場を凌《しの》いだのです。昔から金に困ると、私はそうやって生きていました。まさか40歳を越えてもこんなことをやっているとは思いませんでしたが。

私と同じフリーライターの友人は、生活に困ると、製薬メーカーの人体実験のアルバイトをやっていました。正確には治験《ちけん》と言い、バイトではなくボランティアで、いただくお金は謝礼金だそうです。薬の種類によってはけっこう良いお金になるとか。

その友人があるとき、いつものように治験の順番を待っていると、前の順番の人が薬を投与されるなり、ふいに奇声を発して、踊り出したことがあったそうです。それを見た友人は、治験を受けずに、黙って引き返したとか。いやはや、お金を稼ぐというのは大変なことだと思わされます。

消費者金融《サラ金》で金を借りまくる。

いま現在、この本を書いている私は、ほとんど外出をしない生活になっています。外出しませんからお金を使うこともありません。なにより、毎日のように買っていた本や雑誌を、ほとんど買わなくなっています。これは20代〜30代の私では考えもできない生活の変化です。とくに私は雑誌を膨大に買っていたのですが、これがなくなりました。

まだ仕事が豊富にあった1990年代、私はクレジットカードを作りました。フリーランスは審査でハネられると聞いていたので、審査が甘いと噂で聞いた某社のカードを作ったのですが、このときはまだバブルの余波もあって、一発で審査を通りました。

40代になって仕事が減りはじめた頃、私ははじめてクレジットカードのキャッシングに手を出しました。まだ生活のダウンサイジングが完了していない時期で、止むに止まれぬものがあったのですが、気がついたら数ヵ月で、50万円のキャッシング枠を使い切っていました。

仕事は相変わらず乏しく、知り合いの大学教授に口を利いてもらって、大学の非常勤講師になりましたが、非常勤講師というのは給料が安く、とてもそれだけでは生活はできません。たまりかねた私は、警備員のアルバイトをしました。人には話しませんでしたが、働いている私を目撃した人でもいたのか、ネットで「竹熊が生活苦で警備員をしている」と噂が回ったことがありました。他人から問われたら適当にごまかしていたのですが、出版不況が深刻の度を増している現在、アルバイトをする中年フリーは、珍しくありません。夫婦なら共稼ぎが当たり前。ただし、40代を過ぎた男性の場合、まともなアルバイトはほとんどありません。きつい肉体労働か、コンビニのレジ打ち、警備員くらいのものです。

結局、いまは亡き武富士でキャッシングしたことを皮切りに、アコム、プロミス、ほのぼのレイクと、次々にサラ金からの借金を重ねることになりました。当時の利息は1社につき29パーセントもあり、たまったものではありませんでした。ほどなく、いわゆる借金の利息を借金で返す、多重債務状態に私はおちいっていました。

多重債務を負っている人間と麻薬中毒者は似ているのではないかと思います。麻薬が切れる禁断症状を回避するために、中毒者はどうしたら麻薬が手に入るか、そのことで一日中頭がいっぱいになると言います。多重債務も似ています。毎日、返済のことで頭がいっぱいになるのです。借金は、利子だけではなく元本も少しずつ返済していかないと、永久に返せるわけがないのですが、利息が29パーセントもあって、しかも4つも5つも借りている場合、利息を支払うだけで限界です。生活だってあるからです。

仕事でなにかヒットが出るわけでなし、事業を興《おこ》すにも資本がなく、そもそも自分に会社を経営する能力があるとは思えず、気分はふさぎ込むばかりでした。そんなとき、**私の人生で過去最高の危機が訪れて、しかも、それがきっかけで借金が返済できてしまう**という、奇妙な出来事に私は見舞われたのです。

脳梗塞《のうこうそく》で倒れる。

2006年11月30日、私は突然左側に倒れ込みました。はっきりと意識がありました。正確に書くなら、自宅マンションの近所にあった行きつけのお好み焼き屋さんで食事して、勘定を支払う段になって急に身体の力が抜け、レジの手前でフラッと倒れたのです。

「お客さん、大丈夫ですか？」と店員が聞いてきました。痛みはまったくなく、力が抜けたのは一瞬だったので、私は「大丈夫です」と答えました。

それから自宅に戻ったのですが、マンションの入り口でもう1回、まったく同じ状態で倒れました。2、3秒で起き上がれたので、変だな、と思いましたが、そのままエレベーターで自宅の階へ。自宅の玄関を開けたところで3度目の転倒。痛みはなく、意識がはっきりしているのは同様です。

さすがにこれはおかしい。もしかすると脳梗塞の初期症状なのでは？　という予感がしました。じつは、その1ヵ月前、私の母親がやはり脳溢血《のういっけつ》でこの世を去っていたのです。母は自宅の台所で意識を失い、すぐ救急車で運ばれましたが、ついに意識が戻らぬまま、この世を去りました。

最初に実家の父親に電話し、それから119番にかけました。救急車で運ばれた病院でMRI検査を受け、小脳に脳梗塞ができていると診断されました。やはり私が想像したとおりでした。医者は「早期発見でよかったですね。これなら後遺症もなく、1ヵ月で退院できますよ」と言いました。ほっと胸をなでおろした私は、病院から勤務先の大学に電話し、脳梗塞の診断が出たので1ヵ月入院すると伝えました。

梗塞ができたのは小脳だったので、身体のバランスがとれなくなって転倒したようです。大脳にもいくつか梗塞の跡がありましたが、いずれも致命的な部位ではありませんでした。長年の不摂生な生活が祟《たた》ったのかもしれません。

初めての大病による入院でしたが、病院での生活は快適でした。脳細胞には痛みを感じる神経がなく、感覚として、まったく普段通りなのです。なによりも身体に麻痺がなくて、本当にラッキーだと思いました。

あと半月ほどで退院になるというある日、主治医が私に「検査で脳の血管写真を撮影したいから、承諾書を書いてくれ」と言ってきました。検査なのになぜ承諾書？　と私は不審に思いましたが、医者は「脳の血管に造影剤を注入します。めったにないのだけど、千人に1人か2人くらい、ごく稀《まれ》に脳梗塞が悪化する場合がある」と言うのです。それを聞いてためらっている私に、医者は「竹熊さんの場合、血糖値《けっとうち》はふつうだし、脳梗塞の原因がつかめないんですよ。たぶん脳の血管に詰まりやすい異状があると僕は睨《にら》んでいるのだけどね。造影剤には多少のリスクはあるけど、まずめったに悪化しないし、大丈夫ですよ。」

こう主治医に言われて、「お断りします」と言える患者は少ないと思います。「そうですか？　では、お願いします」と、私は承諾書を書いてしまったのです。**まさか自分が「千人のうちの1人か2人」に当たってしまうとは、夢にも思いませんでした。**

読み書きできるなら一生歩けなくなっても良かった。

意識を取り戻したのは、数日後でした。私の意識はまだ混濁《こんだく》していて、ここがどこで、なにが起こったのか、すぐには思い出せませんでした。

隣で心配そうに見守っていた父親が「大丈夫か？」と聞いてきました。私は「大丈夫」と言って起き上がろうとしましたが、両手と両足が病院のベッドに縛りつけられていました。やっと思い出しました。私は全身麻酔を受け、太ももの動脈にカテーテルを入れて心臓を通し、首の動脈から脳の血管に造影剤を注入する大検査を受けていたのです。

「まる3日間、目を覚まさないから、心配したぞ。」

父親が言うには、カテーテル挿入と造影剤注入の検査が終わって、私は病室に運ばれたのですが、医者は「7〜8時間もすれば、目を覚まします」と告げたのだそうです。ところが10時間経っても目が覚めないので、父が医者に「まだ、目を覚まさないのですが」と聞くと、医者は「このくらい覚めないこともあります」と答えたとか。そのまま父は病室で私につき添っていたのですが、翌朝になり、20時間経っても私が目を覚まさないので、さすがに心配になった父が、再び医者に様子を告げたところ、今度は医者が血相を変えたとか。私は意識不明のままＭＲＩを受け、脳梗塞が悪化して、小脳の半分が壊死《えし》していることがわかったそうです。「めったに起こらない」と言われたリスクが、起きていたのでした。

私は後頭部の頭蓋骨を切開して溜まった血液を抜く大手術を受け、奇跡的に一命を取り留めました。しかし、小脳の半分が死んでしまったため、立ち上がることも、歩くこともできなくなっていました。私に造影剤検査を勧めた医者が、ベッドから動けない私を見て、こう言いました。

「運がわるかったねえ。」

この本を読まれているみなさんに、私の経験から、お伝えしたいことがあります。

病院で承諾書を書かされる場合、それが治療のために必要不可欠な手術なのか、それともやらなくてもよい検査のためなのか、よく確かめる必要があります。そして、やらなくとも治療にはさしさわりがない検査であった場合は、断固として拒否するか、または、別の医師にセカンドオピニオンを要求して、慎重に考えるべきでしょう。

私は父親に、自分の家からノートパソコンを持ってくるように頼みました。呂律《ろれつ》もだいぶ怪しかったのですが、それ以上に、文字の読み書きができるかどうか、心配だったからです。

昔、本で読んだのですが、脳梗塞が発生した脳の部位によっては、知能に障害がなくとも、文字が読めなくなったり、書けなくなったりする症状が起こりうると知っていたからです。

父親が持ってきたノートパソコンを起動し、目の焦点がうまく合わなかったので、キーボードに顔を擦《こす》りつけるようにして文字を打ちました。「こんなことではくたばらないぞ」と書いたと思います。3行程度の文章を打つのに1時間くらいかかった気がします。打ち終わり、それが意味の通る文章であることを確認して、私は心の底からホッとしました。文字の読み書きができるなら、私は仕事ができます。文字の読み書きさえできるなら、私は残りの一生を車椅子で生活することになっても構わないと思いました。

保険金で借金返済。

この章の最後に、脳梗塞を機に生じた、ささやかな「奇跡」を紹介したいと思います。先に書き連ねた、私のサラ金地獄の顛末《てんまつ》です。

脳梗塞で倒れたとき、私には武富士・アコム・プロミス・ほのぼのレイクの4社からの借金がありました。各50万円ずつですから、２００万円。いや、クレジットのキャッシング（利息19パーセント）も合わせると、５社で２５０万円です。月の利息の支払いだけで数十万円になっていました。

一般的に、借金は３００万から４００万くらいが一番苦しいと言います。これはふつうのサラリーマンの場合。サラ金業者もわかっていて、だいたい5社借りると、それ以上は他社に行っても情報が回っていて、貸してくれません。私の場合は無職同然のフリーランスでしたから、これ以上借りようとしたら、ヤミ金に手を出すしかありません。利息が２００パーセントとか、10日で３割とかいう、ムチャクチャな世界です。

私は自己破産を真剣に考えはじめました。借金苦にお悩みのみなさんは知っておられると思いますが、知らない人のために書きますと、**借金で首が回らなくなった人には起死回生の必殺技がありまして、それが自己破産です**。自己破産を裁判所に申請して、認められればすべての借金はチャラになり、過酷な取り立てもピタリと止まるのです。

自己破産のデメリットは、破産後10年間は借金ができなくなるほか、マイホームや車などは処分される、官報に名前が記載されるなどです。私には妻子がなく、家や車、財産もなく、世間体を気にする必要のないフリーランスですから、ある意味気楽でした。借りるだけ借りて、返せなくなったら、自己破産してやろうとひそかに考えていたのです（ちなみにこういう悪質な借り手の場合、破産申請が認められない場合があるそうですから、ご注意ください）。

脳梗塞で死線を彷徨《さまよ》い、意識を回復した後、私は生命を永らえた嬉しさから、借金の悩みはしばらくどこかへ飛んでいました。毎月、病院のＡＴＭから利子だけ返済していましたが、母親が存命中、半強制的に生命保険（入院特約つき）に３つも入っていましたので、手術代と入院費は出ますし、残りの金額でひとつくらい借金を完済できるだろうと目論《もくろ》んでいました。

ところが結果的に、私の場合病気が病気だっただけに、保険がフルに認められて、入院費と手術代をすべて支払ってもなお、１５０万近い現金が残りました。これでサラ金４社のうち、３社が完済できたのです。

私は亡き母親とは折り合いが悪かったのですが、このときばかりは、私を強制的に保険に入れてくれ、保険料も支払ってくれていた母親に感謝したのでした。

第2章

とみさわ昭仁《あきひと》

「好き」を貫く代償。

とみさわ昭仁（とみさわ・あきひと）

1961年、東京生まれ。神保町で特殊古書店マニタ書房を経営するかたわら、ライターとしても書評、映画評、ゲームシナリオ、漫画原作など様々な分野で執筆。変な歌謡曲レコードのコレクターとしてテレビ・ラジオに出演することも度々。著書に『底抜け!大リーグカードの世界』（彩流社）、『人喰い映画祭』（辰巳出版）、『無限の本棚〈増殖版〉』（ちくま文庫）などがある。

趣味を仕事にできた時代。

とみさわ昭仁さんは、フリーライターであり、ゲームデザイナーであり、映画評論家、かつ古書店の店主でもあります。1961年東京生まれ。私は1960年生まれですので、まったくの同世代です。

本書を作るにあたって、同世代の、さまざまなフリーランスにお会いしましたが、おそらくとみさわさんがもっとも私に近い履歴《りれき》だといえるでしょう。私は『摩天楼《まてんろう》』という趣味のミニコミ（同人）誌の編集・執筆から業界入りしましたが、とみさわさんも『よい子の歌謡曲』という、いまや伝説となった歌謡アイドル同人誌からライターになりました。

後で紹介する杉森昌武さんも学生ミニコミ出身者ですが、1980年代初頭に大学生を中心とした空前のミニコミ・ブームがあり、それは現在のネットのブログやSNSと同じような役割を果たしていました。現在も人気ブロガーや人気SNS投稿者からマスコミに進出し、有名になる人がいますが、1980年代は学生ミニコミから業界入りするパターンが多かったのです。

「オタク」という言葉は、1983年に、やはりミニコミ出身者である中森明夫氏が命名した言葉です。それ以前にアニメやマンガ、アイドルなどに熱中する若者は、たんに「マニア」と呼ばれていました。1970年代から1980年代は、まさにオタク（マニア）の揺籃期《ようらんき》だったといえます。アニメ・マンガ・アイドル・ゲームなど、極度に趣味的な分野を愛好することを生活の中心に置く若者（オタク）がこの時期大量に発生した背景には、おそらく戦後高度経済成長の成功と、バブル景気があったと言えます。とにかく景気が良かったので、社員として就職することも、現在に比べればはるかに容易でしたし、わりの良いアルバイトも無数にありました。その時代に青春のただ中を生きていた私の世代は、なんの疑問も抱くことなく、成人してもマンガやアニメを卒業せずに、自分の「趣味」に熱中していました。そうした人の中から、趣味を仕事にする、私やとみさわさんのような「プロ・オタク」が出現してきたわけです。

「僕はもともと、マンガ家になりたかったんですよ。憧れていたのは望月三起也先生。望月先生は達者すぎて、自分の力量ではとても届かない。がんばって模写をしても、自分自身の絵は作れなかった。そんなときに、小池桂一さんが史上最年少で手塚治虫賞を受賞するんです。」

開口一番、とみさわさんはこのように言いました。私たちの世代では、マンガ家はプロ野球選手と同じく小学生の人気職業でした。名前がでた小池桂一氏は、1976年に高校1年（16歳）で少年ジャンプの手塚賞を受賞し「天才少年」と話題になったマンガ家です。とみさわさんは小池氏のひとつ下の15歳。非常な衝撃を受けたそうです。マンガ家を目指す新人はだいたいそういうものですが、クラスで一番マンガが上手かったりすると、自分は天才ではないか、とひそかに自惚《うぬぼ》れていたりするからです。

とみさわさん自身、手塚賞で受賞することを目指していました。ところが自分とほとんど年齢が変わらない天才少年が現実に現れて、自分にはとても描けない絵とアイデアで、夢を達成してしまったのです。とみさわさんがマンガ家になる夢を断念したのは、あらゆる意味でかなわない同世代が存在する事実を認識したからでした。このあたり、私が藤原カムイと出会ってマンガ家を断念した経緯に似ています。

とみさわさんはマンガ家の夢を断念し、イラストレーターを目指しました。高校の機械科で立体製図を習い、東京・蒲田にある日本工学院専門学校に進学しました。

専門学校を卒業したとみさわさんは、田町にある図面製作の会社に就職し、バイクの図面などを描いていました。社内で一番上手い自信があったと言います。

「そこでアーティストとしての我が出てしまって。会社はとにかく速く描け、と言うんですが、僕にはこだわりがあって仕事が遅かった。そのうちに、この会社は僕のいる場所ではないと感じるようになりました。」

ミニコミ雑誌からフリーライターの道へ。

いずれ会社を辞め、独立してイラストレーターになりたいと思っていたとみさわさん。ところがこの時期、彼の運命を変えるミニコミと遭遇します。『よい子の歌謡曲』との出会いでした。歌謡曲も大好きだったとみさわさんは、同世代の歌謡曲・アイドル好きの若者たちが編集し、一部の書店で販売していたこのミニコミのおもしろさに夢中になり、誌面づくりに参加したいと思いました。１９８３年頃のことでした。

「文章なんてそれまで書いたこともなかったのですが。見よう見まねで『よい子の歌謡曲』にレビューを書いて投稿するようになったんです。」

とみさわさんのフリーライターとしての歩みはここから始まります。すぐに投稿では飽き足らなくなり、編集部に遊びにいくようになって、スタッフとして参加するようになりました。

1980年代は若者向けサブカル雑誌・ビジュアル雑誌の黄金時代でした。学生ミニコミも百花繚乱《ひゃっかりょうらん》の状況でしたが、これらミニコミはおおむね商業若者雑誌の「2軍」的な位置づけだったといえます。そこから「1軍（商業誌）」に上がるスター的なライターやデザイナー、編集者が次々に現れた時代なのです。

学生ミニコミと若者向け商業誌の中間に、ポルノ雑誌がありました。本書の第1章で書いた自販機本がこれです。1980年代初頭のポルノ雑誌は「裸が載っているサブカル雑誌」とでも言うべきものでした。現在の『週刊プレイボーイ』がそういう編集ですが、これのポルノ色を前面に出した感じといえば良いでしょうか。

当時のポルノ誌には「非エロ」のマニアックなサブカル記事や、お笑いページがたくさんあったのです。私自身そうですが、このような雑誌の「非エロ記事ページ」を編集したり、ライターをやったりして、やがて『宝島』や『週刊プレイボーイ』などの檜舞台《ひのき》に進出していく、というのが1980年代フリーライターの典型的な出世パターンでした。中でも「笑える文章」を書くことには、大きな需要がありました。

「サラリーマンのかたわら『よい子の歌謡曲』で文章を書きはじめた頃には、僕はもう会社を辞めたくなっていました。それで退社して、『よい子』編集部に入り浸っていました。そこには出版界やサブカル界のさまざまな人脈が集まってきていて、最初に仕事をくれたのは、高護《こうまもる》さん（『リメンバー』誌の編集長）です。『ザ・シングル盤'50s～'80s─歌謡曲ワンダーランド』（1984年、群雄社出版）というムックの仕事でした。ミニコミ以外の、僕の最初の仕事です。」

とみさわさんが仕事をした『ザ・シングル盤』のことは、私もよく覚えています。ちょうどその頃、同じ版元（群雄社出版）で私も最初の単行本『色単』の仕事をしていたからです（第1章参照）。

群雄社出版は、80年に一般取次コードを取得してからは、一方でポルノを手がけつつも、一般出版社としての脱皮を模索していました。『ザ・シングル盤』は音楽ムックで、群雄社出版としては脱ポルノの出版物にあたります。ポルノ出版が大当たりし、それなりの資本ではじめた群雄社出版でしたが、放漫《ほうまん》経営も良いところで、たちまち資金繰りに行き詰まり、ポルノ以外の一般書はさっぱり売れず、１９８３年の末には倒産してしまいました。

「デビューはできたわけですけど、月収３万円とか、その程度でした。実家住まいだったのでなんとかなりましたが。ヒマだったのでファミコンを買ってきたわけです。１９８５年で、スーパーマリオが出はじめた頃でした。」

当時、とみさわさんは『よい子の歌謡曲』と仲が良かったミニコミ『東京おとなクラブ』の編集部にも顔を出していました。のちに『月刊アスキー』編集長になる遠藤諭さんが発行人を務め、作家・コラムニストとして著名になる中森明夫さんが編集長でした。ミニコミ・ブームの爛熟《らんじゅく》期で、デザイン・編集も本格的、直営業をかけて書店に卸《おろ》していました。業界誌の編集者だった椎名誠さんが、本業とは別に、ボランティアスタッフを集めて編集していた『本の雑誌』と同じスタイルです。『本の雑誌』は、いまでこそ取次を通した雑誌として一般書店に流通していますが、もとは一部の書店に直営業をかけていたミニコミ雑誌でした。

「そんなある日、遠藤さんから〝ファミコン詳しい？〟と電話があって、仕事を紹介してくださったんです。連れていかれたのが男性誌『スコラ』の編集部でした。この雑誌は一般青年誌だったんですが、当時ファミコンブームが盛り上がっていたので、ゲーム攻略ページを欲しがっていたんです。そこで1年間くらい、遠藤さんとペアで連載をやることになりました。スコラ社は講談社グループで、羽振りがよかったので、順調にやっていました。」

空前のファミコンブームで、専門誌も多数登場しはじめていました。アスキーの『ファミコン通信』、角川書店の『マル勝ファミコン』、徳間書店の『ファミリーコンピュータＭａｇａｚｉｎｅ』などです。アスキー社員だった遠藤さんの紹介で、とみさわさんもこうしたゲーム雑誌に記事を書くようになりました。

初期のゲームライターの文章は正直、稚拙《ちせつ》なものが多かったと、とみさわさんは回想します。ゲーム記事が分野として確立されておらず、専門ライターもまだおらず、ただのゲーム好きを連れてきて、原稿を書かせているだけだったのです。そこをちゃんとした文章で丁寧に書けるというので、彼は雑誌で重宝されていました。１９８０年代の終わり頃は、ゲームライターとして順調に進んでいった時期だったと、とみさわさんは回想します。

ゲーム制作の世界に。

とみさわさんはゲーム業界に人脈もできました。その筆頭が『ファミコン通信』の仕事で田尻智《たじりさとし》さんと知り合ったことです。田尻さんは『ポケットモンスター』シリーズ（1996年〜、任天堂）のゲームデザイナーとして有名です。彼も、最初はフリーライターでした。『ドラゴンクエスト』（1986年〜、エニックス）の堀井雄二さんもそうですが、1980年代末の最初のファミコンブームの頃には、フリーライターからゲームライターになり、そこから本格的なゲームクリエイターに進む道がありました。

私はマンガ好きだったのでマンガ原作や評論に進みましたが、1980年代のうちにパソコンにはまっていれば、パソコン記事やゲーム記事のライター、そしてソフト制作者の道に進んでいた可能性も大いにあります。結局、**最初の数年間にどういう人脈を築き上げたかで、フリーの進路は決まってしまう**のです。

「田尻智と出会った当時は、彼もまだフリーライターで、ゲーム制作者としてはアマチュアでした。あるとき下北沢にある彼の事務所（ゲームフリーク）に遊びに行ったんです。そう

したら、彼らは、ファミコンのプログラムを独自に解析してゲームを開発していました。まだゲームフリークが会社ではなく、サークルだった頃です。はじめはゲームの攻略同人誌を作っていたんです。彼らは3年かけて『クインティ』（1989年、ナムコ）というゲームを開発して、それをナムコに売った。そこで何千万ものお金を得たんです。

田尻と意気投合した僕は、ゲームフリークから出版の仕事をもらうようになっていました。ゲームフリークは開発の資金集めのために、ゲーム攻略本をよく出していましたから。しばらくしたら、僕はほとんどゲームフリークの仕事しかしないようになっていて、1991年に入社することに決めたんです。僕は出版部の主任として仕事をしました。」


実はちょうどこの時期、私はとみさわさんと初めて会い、仕事をしています。『サルまん』の相原コージくんが『イデアの日』（1994年、ショウエイシステム）というスーパーファミコンのゲームデザインをやることになり、その単行本（1994年、双葉社）を一緒にやったのです。私は「相原コージ・ゲームデザイナーへの道」というドキュメンタリーを担当し、とみさわさんは攻略ページを担当しました。

『イデアの日』は、アイデアとシナリオはさすが相原コージで、おもしろいものでしたが、プログラムにバグが多く、操作性が最悪でした。私はゲーム制作には関わっていませんが、友人として、慣れないゲーム制作に悪戦苦闘する相原くんをかたわらで見て、ゲームの、マンガとは異なる難しさを痛感しました。どんなに着想がよくても、それをプログラミングする技術者の技術とセンスに最終的なゲームの出来が左右されてしまうのです。相原くんが関わったゲームは3本ありますが、ゲームデザインとシナリオまで担当したのは『イデアの日』だけで、彼はそれきりゲーム業界に踏み込むことを止めてしまいました。

「プログラマーとの相性問題がゲーム開発には大きいです。優秀なプログラマーだからといって、〝良いプログラマー〟とは限らない。マリオがジャンプして空中に浮いているときに、浮いたままで方向転換ができるじゃないですか。あれは現実的にありえないけれども、プログラマーが上手に嘘をついてくれるからおもしろくなる。現実に忠実に作ってもおもしろくないんです。

それで入社して4年くらい経つと、僕はまたフリーランスに戻るんです。95年頃かな。悪い癖が再発したというか、若気の至りというか。そのときは小説を書きたい、と思っていたんです。会社にいたままでは忙しくて書けないから、フリーライターをしながら小説を準備しようとしていた。

実は、僕がゲームフリークを退社してすぐに『ポケットモンスター』が発表になったんです。ご存知のように空前の大ヒット。そして僕はもの書きに戻るつもりだったのに、あのゲームフリークにいた！　ということで、アスキーからゲーム開発の依頼が舞い込んだんです。」

1990年代後半のとみさわさんの仕事はゲーム制作者としての色彩が強くなります。彼がなぜ、空前のヒットを飛ばす直前のゲームフリークを辞めてしまったのかというと、なんと、会社が数年の期間をかけて開発していたゲーム『ポケットモンスター』の完成度を見て、「これはヒットする」と予感したからだと言います。ふつう、そう思ったなら会社に残る方が賢明でしょう。それなのに、彼は会社を辞めてしまいました。

「開発段階の『ポケットモンスター』を見て、僕はヒットを確信しました。それくらいおもしろいゲームだったからです。それで、この会社で出版部を任されている以上、それからの僕の仕事は〝ポケモンの広報マン〟一色になってしまうだろうという予感がありました。そのときの仕事の流れから見て、きっとそうなるだろうと。それは誇らしい仕事ではあるけれど、僕の性分としてつまらなく感じてしまった。クリエイターとして同じことをやり続けるのがイヤなんです。」

１９９０年代なかば、景気は実感としてまだ好調でした。バブルの崩壊は１９９１年２月ですが、市民生活に不景気が実感されるようになるのは１９９０年代後半からです。私やとみさわさんが仕事をしていた出版界、とくに雑誌の売れ行きは１９９７年が絶頂でした。そこからジワジワと不景気が実感されてくるのです。とみさわさんがゲームフリークを辞めてフリーランスに戻った１９９５年７月は、スーパーファミコンが絶頂期で、ゲーム界はまだ明るかったのでした。

「１９９５年、フリーに戻った瞬間に、アスキーからゲームを作ってほしいという依頼があったんです。当時アスキーは『ダービースタリオン』（１９９１年、アスキー）という競馬ゲームが大当たりしていて、その余裕もあってか、けっこうな金額を積まれました。何千万単位の企画で、〝とみさわ君が中心になって作ってほしい〟と言われました。」

当時、とみさわさんは千葉の実家の近所に引っ越していましたが、アスキーの依頼を受けて、都心の明大前に個人事務所を借り、アシスタントも雇いました。そして1年半がかりで『ガンプル』（1997年、アスキー）というゲームを作ったのです。

「『ガンプル』は僕としては不本意でした。プログラマーとのコミュニケーションがうまくいかなかった。不本意で、僕はゲームの完成間近でプロジェクトから離れることにしました。スタート画面には僕のクレジットが入っているんですが。」

案の定、『ガンプル』は売れませんでした。しかし、ゲーム業界の人として認知されていたとみさわさんの下には、それからもいろんなゲーム会社からお声がかかります。ゲーム会社を辞めて小説家として独立するつもりだったとみさわさんの仕事の中心は、気がついたらライターではなく、フリーのゲームデザイナーになっていました。

「この仕事のかたわら、1997年に僕は結婚しました。そして2000年、39歳のときに子供ができたんです。この妊娠の際に、妻が原発性肺高血圧症という難病であることが発覚

します。妊娠初期にしては体調がおかしいということで、検査をしたら病気だと分かったんです。40代前半は妻の看病をしつつ、子育てをして、同時にゲームデザイナーやライターとしての仕事が徐々に減っていって辛い時期でした。その頃は妻の実家に住んでいたんですが、まさに『40歳の壁』にぶつかった頃でした。」

40歳の壁、そして50歳の壁。

病気の妻と子供を持ち、仕事が少しずつ減っていき、「40歳の壁」にぶつかったとみさわさん。困った彼は、古巣のゲームフリークに助けを求めました。私も経験がありますが、フリーランスとして進退窮《きわ》まったとき、一番頼りになるのは同じ業界の友人です。

40代・50代となると、立派なロートル。**若い頃にどれだけの人脈を作れているか。その人脈の中で、出世している人、つまり「仕事を与える立場」に立っている人がどのくらいいるかで、「中年フリー」の生活は決まってくると言っても過言ではありません。**

「ゲームフリークに救いを求めて、僕は『ポケットモンスター　ルビー・サファイア』のシナリオを書かせてもらえたんです。この仕事のおかげで、2年ほど食い繋ぐことができた。その後、契約社員という形で再びゲームフリークに復職させてもらいました。一度こっちの都合で辞めているのに、受け入れてくれて、感謝しかないです。田尻智、杉森建、増田順一という創業メンバーには、本当に助けてもらったと思います。」

2002年、とみさわさんはゲームフリークの契約社員として復帰しました。

とみさわさんは「**自分の40歳の壁は友人の助けで乗り越えることができた**」と私に言いましたが、これは恥ずかしいことではありません。私も経験があります。もちろんそれまでに積んだキャリアと人脈のおかげとも言えます。

舞い戻ったゲームフリークに、とみさわさんは6年間ほど在籍。すでに40代もなかばになり、妻子もできて、かつての「フリーになりたい病」は無くなっていました。舞い戻った会社では『来なくていい』と言われるまでしがみつくつもりでいたのです。ところが、予想もしていなかった「壁」にまたもや彼はぶつかりました。

「ゲームフリークに契約社員としてお世話になるうち、だんだん自分の立場がきつくなってきたんです。ゲーム制作者として、自分がロートルになっていくのを感じたんです。

２０００年代に入り、ゲームフリークは『ポケットモンスター』の大ヒットで、ゲーム界の一大ブランドになっていました。当然、やる気満々の若者が続々と入社してくる。コンピューターに子供の頃から慣れ親しんだ世代で、ゲームが作れるなら給料なくても働きます！くらいの勢いの子たちです。僕は契約社員でしたが、田尻社長よりも年上で、報酬もかなり貰っていました。

最大の問題は、僕はプログラミングができないことでした。ところが、新たに入社してくる若い社員はシナリオとプログラムの両方が書けるんですよ。それを見て、初めて自分はロートル社員なのか、と感じたんです。」

社内で最年長だったとみさわさんには、それ以外にも重要な仕事がありました。義務ではありませんでしたが、制作現場の不満を上層部に伝える役割を自分がやらなければいけない、と気負っていたのです。

古参の幹部社員や社長である田尻氏とも古い友人だったので、現場と会社幹部とをつなぐ役割を自ら買ってでていたのでしたが、結果として、とみさわさんはあつかい辛い社員ということに自然となっていきました。

２００９年8月、とみさわさんは会社を辞めます。47歳になっていました。病弱な奥さんの身体も弱っていましたし、子供も大きくなっています。常識で考えたら、歯を食いしばってでも会社に残るべきだったかもしれません。でも、自分でどうしても納得がいかなかったのでした。もう若くはない。バブルもとうに弾けている。しかし会社自体の調子はよい。ふつう、会社を辞めてなんの得もありません。

しかしこの心理、私にはわかる気がするのです。私もまたフリーランスとして、ずっと生きてしまった人間だからです。会社の中の鬱陶《うっとう》しい人間関係など、まっぴらごめんなのです。私もとみさわさんも、フリーランスに「なるべくしてなった」人間なのだと思います。それ以外の生き方、とくに組織人としての生き方に、根本のところでなじめない人間なのでしょう。

フリーに「ならざるを得ない」人間の生き方。

ゲームフリーク2度目の退社の後には、出版界は大きく様変わりしていました。まずはかつてのとみさわさんのメインフィールドだったゲーム雑誌が、『ファミコン通信』を除いてほぼ無くなっていました。その時点でフリーライターとしてのキャリアが27年あったわけですが、気がついたら、仕事をする場が完全に途切れていたのです。

再び、過去に培《つちか》った人脈に頼ることになりました。ゲーム『桃太郎電鉄』(1988年〜、ハドソン)を作ったゲーム作家のさくまあきら氏に仕事をください、と頭を下げたのです。さくま氏はとみさわさんに『桃太郎電鉄』の新作の一部を手伝わせてくれたのです。この仕事をこなすことで、彼は再び仕事に対する自信を取り戻すことができました。

しかし、ゲームブームは去っていました。もう景気の良いスポンサーが現れる時代ではありません。ライターとして、どうやって新しい仕事を開拓するべきか。前にも述べたように、40歳を越えたフリーライターが生き延びる道は限られています。過去によほどの大ベストセラーをもつか、あるいは余人をもって代えがたい専門分野を持ってその道の「先生」になるしかありません。文字どおり大学教員になって、本当の先生になる道もあります。

「たしかに年を重ねていくと竹熊さんの言うとおり、仕事の依頼主が年下になってくるための〝使いづらさ〟はあるでしょうね。僕が『ファミ通』で仕事をしていたとき、編集長の浜村弘一さんは同い年でしたからね。編集長と同い年のライターってたしかに使いづらかったでしょう（笑）。」

とみさわさんが新しい道を切り開くことができたのは、私と同じくブログ『Pithecanthropus Collectus（蒐集原人）』からでした。ブログはゲームフリーク時代からはじめていました。それまでの専門とは関係がない映画のブログです。実はとみさわさんは、大の映画好き、それもホラー映画の大ファンだったのです。

ところが不思議なことに、映画ブログをやっていても、映画ライターとして仕事はしたことがありませんでした。ここも私に似ています。私も映画が趣味で、しかし映画についての文章は自分のブログやツイッター以外、ほとんど発表したことがないのです。

「完全に趣味としてはじめた映画のブログ（2007年～）ですが、2009年、内容をまとめて『人喰《ひとく》い映画祭』という同人誌として即売会に出したんです。文学フリマに。友だちだった寺田克也にイラストを描いてもらいました。これを600部売ったところで、辰巳出版さんから本にしましょう、というお話がありました。300本の人喰い映画を紹介するという内容です（笑）。この本を出して、なんとかまたフリーライターとしてやっていけるかな？　という感触を得ました。」

本が出せたとはいえ、とみさわさんのライター業は軌道に乗ったとはいえない状態が続きました。そんな中、2011年に奥さんが帰らぬ人となります。娘さんはまだ小学生。とみさわさんは茫然《ぼうぜん》としました。

艱難辛苦《かんなんしんく》を乗り越え、古書店を開業。

2012年、とみさわさんは東京・神保町で小さな古書店を開業します。神保町交差点から白山通り沿いに水道橋方向に少し歩いた雑居ビルの4階に、その店「マニタ書房」はあります（図3）。

図3　マニタ書房・店内写真

とみさわさんは古参の古本マニアでもありました。中学時代、望月三起也にはまって中古マンガを買いに神保町に通うようになったのです。成人して『よい子の歌謡曲』編集部に出入りするようになってからは、コレクション対象に中古レコードが加わりました。

「古本マニアはみなそうだと思うんですが、自分でいずれはお店を持ちたいと思うものだと思うんです。ライターからゲーム制作に関わるようになって、その夢から遠ざかっていたんですが、僕の夢をかなえてくれたのは亡き妻です。」

自分がひそかに憧れていた古書店を開業することができたのは、亡くなった奥さんが生命保険を遺《のこ》してくれたからだと、とみさわさんは言いました。

「2012年に『マニタ書房』を開業しました。妻の命日のちょうど1年後を開業の日に決めたんです。いまの僕があるのは、妻のおかげです。」

このインタビューは『マニタ書房』の店内で行いました。私は開店後しばらくして、お店を訪れましたが、店内の棚という棚、すべてがとみさわさんの感性で満たされたマニアックな品揃えにまず驚き、次に驚いたのは「高そうな本」が1冊もないことでした。その代わり、1970年代・1980年代のタレント本や、怪しげな健康本、中岡俊哉の『恐怖の心霊写真集』のような、私やとみさわさんが少年時代に熱中した往年のベストセラー、現在では古書店の店頭の100円均一コーナーに並べられている一般の古書購買客には見向きもされない本、しかしわかる人にはわかる「特殊な本」が、所狭しと並んでいるのです。

ビルのワンフロアを借りていますが、10畳あるかないかの小さいお店です。表通りに面していますが、エレベーターのない中古ビルの4階。しかも一見して「安い本」しか置いていないのですから、正直、お客さんが来るのか心配になります。

しかし書棚を見てピンと来る人には、宝の山に見えるかもしれません。店主の「趣味」で統一しているという点で、人を選ぶ店づくりだとも言えます。

好きなことで食べていく。

店の中央にとみさわさんの机とレジがあり、そこにデンと腰掛けてとみさわさんは自分の原稿を書いています。それを見て、50歳を越えたフリーライターの見事な「生き方」を私は感じました。つまり、あえてふつうのお客が入りづらい場所に店を構え、静かな環境で「本業」の原稿も執筆することができる。お店兼、ライターとしての仕事場を借りているのだな、と思ったのです。

とみさわさんは最初、古本屋を本業として力を入れるはずだったと言います。しかし、結果としてライター業と両立することになりました。もともとライターの知り合いが多く、彼らに多くの雑誌で『マニタ書房』を紹介してもらったのです。『散歩の達人』『BRUTUS』『本の雑誌』などに。

たしかに私から見ても、いまでは忘れ去られた往年のタレント本、ベストセラーが並んでいるマニアックな棚作りは、思わず誰かに教えたくなる魅力があります。お店が雑誌で紹介されるにつれて、おもしろいことに、とみさわさんのライター仕事が増えたそうです。いまゲーム関係の仕事はほとんどないそうですが、映画や古本に関する原稿の仕事が増えていきました。

「ホントに雑多な仕事をしています。セガのサイトではお酒の原稿を書いているんです。馬鹿な吉田類みたいなキャラで（笑）。僕は食事や酒には、とくにこだわりがないんですけど、1人でどの位置で飲むとか、お店そのものを楽しむこだわりで書いていますね。東海林さだおさんの影響が強いからでしょう。それと椎名誠さんなどの昭和軽薄体育ちですから。あとは店の仕入れも兼ねて、日本中のブックオフをまわって、その旅の出来事を原稿にまとめたり。」

『マニタ書房』は開業当初、ほとんどお客さんがいませんでした。なにしろエレベーターのない4階。いまも少ないときはお客がゼロという日もあるそうです。ところがインタビュー当日に日本語ペラペラのゲーム好きのフランス人が来て、1万4000円分買ってくれたそうです。とみさわさんが作った『ガンプル』も知っていて、店主の彼が作ったと言うと非常に喜んだとか。

いまは古本屋の売上で店（兼、仕事場）の家賃を支払い、ライター仕事で生活費を稼いでいるそうです。自分の好きな仕事をしているだけなので、なんのストレスもないと、とみさわさんは言い切りました。私たちのようなタイプのフリーランスにとっては、理想の生活かもしれません。好きな本を地方のブックオフで買ってきては自分の店で売り、また仕入れのための旅行に出る。これの繰り返しだとか。

「僕の人生を要約すると、〝30歳の壁〟を助けてくれたのがゲームフリークで、〝40歳の壁〟を助けてくれたのがまたゲームフリーク。〝50歳の壁〟を助けてくれたのが、さくまあきらさんと亡き妻でした。フリーランスは1人ではやっていけない、ということを実感しますね。」

（2015年5月・マニタ書房にて）

第3章

杉《すぎ》森《もり》昌《まさ》武《たけ》

フリーランスとは自分で選択する生き方のこと。

杉森昌武(すぎもり・まさたけ)

1959年、東京生まれ。学生時代に創刊した『太腿』『中大パンチ』等のミニコミ誌の編集発行人として、出版界にデビュー。以後、主に企画編集プロデューサー兼ゴーストライターとして活動。『東スポ伝説』、『磯野家の謎』、『THEゴルゴ学』、『あの素晴らしい日ペンの美子ちゃんをもう一度』等のヒットを世に送り出す。

年収1000万円の大学生。

旧友の杉森昌武さんにお話をうかがいました。彼は私が出版業界に入る以前からの友人です。初めて出会ったのが1979年ですから、私が19歳、杉森さんは20歳だったはずです。高校時代から私はミニコミ『摩天楼』を作っており、杉森さんは、中央大学の学生で「ミニコミ王」の名をはせていました。『太腿《ふともも》』『中大パンチ』という誌名に覚えのある50代は多いかもしれません。

これらはミニコミでありながら、万を超える発行部数を誇り、マスコミにも多数取り上げられて、杉森さんは有名人だったのです。『中大パンチ』の編集長は後に売れっ子コラムニストになったえのきどいちろう氏で、やはりのちに少年マガジンの『ＢＯＹＳ　ＢＥ…』でマンガ原作を担当したイタバシマサヒロ氏も寄稿していました。

杉森さん、えのきど氏、イタバシ氏の中央大学3人組は、在学中からセミプロとして活躍、卒業後はプロのフリーライターになりました。えのきど・イタバシ両氏は純粋なライターですが、杉森さんは編集者・プロデューサーとしての顔がありました。久しぶりにお会いした杉森さんは、こう過去を振り返りました。

「俺はたしかにもの書きだったけれど、言ってみればプロデューサーのようなものだった。結局才能があったのはライターではなくてプロデューサーの方だったと思う。」

杉森さんが大学生だった1980年代初頭、インターネットはまだありませんでした。自己表現欲が旺盛な大学生は、みんなミニコミを作っていたのです。当時、コミックマーケットはすでにあり、マンガ同人誌もさかんに作られるようになっていましたが、主流は文章同人誌でした。ミニコミと呼ばれたのも、おもに文章同人誌です。杉森さんが作っていたのも文章中心でした。編集発行人として多いときには12誌ものミニコミを発行し、月収100万を超えていたというから驚きです。現在であれば、確実にインターネットの人気WEBサイトを作っていたことでしょう。ユーチューバーとして人気が出ていたかもしれません。

「コミケもすでにあったけど、いまほどの存在感はなかった。俺らが夢中になったミニコミとは〝キャンパス・マガジン〟と呼ばれた、大学生が出す同人誌。それまでは文芸、政治(アジビラ)が中心だったけど、俺らが端緒《たんちょ》となってエンタメのミニコミを作りはじめたんですよ。

サブカルやエロを扱った若者雑誌はすでに出ていたので、それをミニコミでできないかと思ってはじめたんですよ。当時の俺は全然授業には出ていなかったけど、一応中央大学の学生で。大学生編集長ということで、マスコミにもよく取り上げてもらっていた。それでもものすごく売れたんです。なんでかっていうと女子大生のヌードを載せたから（笑）。」

ヌードといってもセミヌードのかわいいものでしたが、杉森さんは「現役女子大生ヌード」という言葉を作って表紙で煽《あお》り立てました。これが本当に、信じられないほど売れたのです。

「最初は水着、下着だったんだけど最後はヘアヌードに（笑）。ヘアヌードを載せた雑誌は商業誌を含めて、本当に俺が初めてだと思うよ。あのときは逮捕されるんだろうなと思ってやったもん。」

ヘアヌードはアダルト誌もまだ載せていない時代でした。ヘアには「ぼかし」が入れられていたのです。杉森さんは、ヘアヌードをバラバラにして掲載し、読者がいちいち切り抜いて組み合わせれば完成したヌード写真になるという形で、法的な問題をクリアしました。雑誌をふつうに見るだけではなにがなんだかわかりません。ジグソーパズルみたいなものです。杉森さんは、ライターとしてもユニークな文章を書きますが、編集者としてもアイデアマンでした。

「学生時代は、自分で書いた文章の原稿料が月30万円くらいだったかな。それとミニコミの販売収入が月100~200万円くらいありました。で、大学生を辞めたらフリーライターにでもなろうかな、と当時考えていた。」

時代がバブルに向けて好景気になり、いまとは違って学生の就職率も好調で、大学生は「金の卵」と呼ばれていました。そこそこの大学に受かればまず職にあぶれる心配はなく、大学は「4年間のホリデー期間」とも言われていました。学生の作るミニコミに一流企業が広告を出すなど、世をあげて大学生が持ち上げられていた、いまでは信じられない時代だったのです。そうした風潮に、杉森さんの出す爆笑Hミニコミは、ぴったりフィットしたのでした。

「おもしろい」だけではお金にならない。

杉森さんは中学卒業後、中央大学付属杉並高校に進学しました。そこの同級生に、後に一緒に会社をはじめることになる優秀なライターの卵がいたのです。

「高校の同級生に、えのきどいちろうがいたんです。あとイタバシマサヒロ。高校時代に彼らのようなサブカル好きの連中とミニコミを作っていて、後に3人ともプロの世界に入るわけです。それまで俺はとくにサブカル好きではなかったけど、えのきど・イタバシと出会ったことでそっちの世界にのめりこむようになっていった。彼らと大学に入ってからも、一緒にミニコミを作ることになるんです。

いま振り返ればえのきどもイタバシもちゃんと大学を卒業しているわけだから、一番熱狂してミニコミを作っていたのは、たぶん俺だったんだろうね（笑）。当時は一挙に10誌以上のミニコミを手掛けていたから。」

杉森さんが最初のミニコミ『太腿』を創刊したのは高校時代のことです。杉森・えのきど・イタバシの文章コラムと、小さいエロ写真を掲載するミニコミでした。それに対して、中央大学に進学して作った『中大パンチ』は、最初は活字を組んだタブロイド版の新聞でした。

「当初は編集長がえのきど、発行人が俺。コンセプトはえのきどがやって、ライターへの発注とか編集業務を俺がやったんです。文章もメインはえのきどとイタバシが書きました。で、中身はさすがえのきどというか『太腿』の100倍はおもしろかった。あれにはびっくりしたな。でも一番衝撃だったのは、あんなにおもしろかったのに、エロがないだけで全然売れないということです。おもしろいは金にならない、とそのとき分かったんです。」

どんどん赤字がかさんでいき、『中大パンチ』は4号目から杉森さんが編集長を務めるようになって、エロの要素も入れるように。すると、やっぱり売れはじめました。しかし、えのきどさんとイタバシさんはそこで抜けてしまったと言います。

大学を卒業すると、えのきどさんは劇団に所属し、イタバシさんは出版社に就職。杉森さんはまったく単位を取っていなかったため、みんなが卒業するタイミングで退学したそうです。すでにフリーライターの仕事があって、生活できるようになっていたのです。

「しかし数年後、25~26歳の頃に、みんなそれぞれ行き詰まりを感じるようになった。えのきどは俳優の道に難しさを感じただろうし、イタバシはサラリーマン編集者に絶望を感じたんだと思う。一方で俺は就職せずにフリーライターをしていましたが、バブルということもあって、1人では対応できないくらいの仕事を抱えていた。そこでえのきどやイタバシにライターの仕事を振るようになったの。その1年後くらいに『シュワッチ』という編集プロダクションを設立するんです。実体はライター集団でしたが。」

大学でミニコミを作っていた3人が、再び結集しました。シュワッチには、のちにライター・放送作家となる押切伸一さん、イラストとコラムで大人気となる故・ナンシー関さんが参加しました。

「2人ともえのきどの紹介だった。ナンシーは最初イラストレーターで、文章をえのきどが書いていたんだけど、いざ文章をナンシーに書かせてみたら、えのきどよりおもしろかったっていう（笑）。」

20代で編集プロダクションを設立。

「俺はえのきどやイタバシと比べて、文章はうまくない。豪速球ピッチャーのたとえでいうと、速い球を投げられないと自分でイヤになっちゃうでしょう。それで俺はライターとしての引退が早かったのかもしれない。変化球とかのテクニックはなかったし、じゃあ監督やります、みたいな方向に向かったのね。

ライター期なんてあったのだろうか、という気もする。頑張ったのは『フロム・エー』（リクルート）での連載「東京まゆつばシティ」くらい。あれは7、8年続けて単行本になりました。『東スポ伝説』（1991年、扶桑社）は売れたけれども、書き下ろしの仕事で、いま読み返すとひどく不出来でね（笑）。」

ライターとしての杉森さんは、一球入魂型というべきか、文章に完全主義を求めるタイプだったように私は感じています。重厚な内容とか文学的な内容というわけではありません。むしろその反対で、1980年代を覆っていた「明るいニヒリズム」ともいうべき文章を、ナンセンスな笑いに包んで豪速球でぶつけてくるタイプでした。

私はもの書きとしての彼をいまも尊敬していますが、豪速球投手が肩を壊すようなもので、そのライター生命は短かったと言えます。しかし彼にはプロデューサーとしての才能がありました。それで、若いライター、編集者をプロデュースする、編集プロダクションの社長業へとシフトしていくのです。

ところがほどなくして、仲間と立ち上げたシュワッチを、杉森さんは辞職するはめになってしまいます。杉森さんが仲間と仲違いしたのは、経営方針の違いではなかったと言います。

麻雀で1億円を失い、社長をリコール。

「俺はえのきどやイタバシから、シュワッチの社長をリコールされたんだけど、実は当時、すごく麻雀にハマっていてね（笑）。他の2人から〝杉森は最初はいろんな仕事を取ってき

てくれたけど、いまは麻雀しかしていない〟という不満が出たんですよ。たしか麻雀は人生通算で1億円くらいスったと思う。若くて周りが見えていなかった。それなのに給料は3等分だったから、不満が出て当然だよね。仕事も俺が取ってくるというより、俺がマスコミに出ていたこともあって看板みたいになっていて、仕事は俺を通さざるを得ない仕組みだったので。結局リコールされて、退社後、すぐに現在の有限会社ポチを立ち上げました。」

麻雀で1億円負けるというのも、才能かもしれません。おかげで仲間から追い出されてしまった杉森さん。新しい会社、有限会社ポチで心機一転を図ることになりました。実は彼には、超優秀な伏兵がいたのです。学生結婚していた奥さんの杉森京子さんです。彼女のことは私もよく知っていますが、まさにライティング・マシーンと言うべき、超人的なライターです。文章が上手いだけでなく、ジャンルを問わずどんな文章でも書け、しかも仕事がとてつもなく早い。まさしく編集プロダクションにはうってつけの人材だったのです。

「京子と出会ったのは早いです。俺が大学3年生、彼女は専門学校の1年生だった。当時俺のミニコミは書店で委託《いたく》販売をしていたんですが、高校生の彼女は読んでいた。それで専門

学校に入ってから、向こうから訪ねてきて、すぐ同棲生活に。俺が大学4年のときに籍を入れたんですよ。

結婚して彼女は専門学校を辞めて、子供もいなかったので、時間があったんです。それで仕事を手伝ってもらうようになって、簡単な文章を書かせてみたら、すごく上手かった。あまり教えることもなく、めきめき上達していった。彼女、子供の頃から本をよく読んでいたみたいで。

ポチを作って、俺は光文社の『週刊宝石』で専属のスタッフとしてライティングをすることになったの。週1回か2回の会議に出て、週にベースの給料として7～8万円はもらっていた。しかし、その頃には妻の京子の方がライターとしての仕事が格段に増えていました。」

320万部の超ヒット『磯野家の謎』。

1992年、杉森さんと京子さんは一大ベストセラーに関わることになります。飛鳥新社から出された『サザエさん』の研究本『磯野家の謎』(図4)がそれです。40代以降なら憶えておられる読者も多いでしょう。日本人なら誰もが知っている国民マンガ『サザエさん』は、作者の著作権管理が厳しいことで有名で、それまで関連書がまったく出ていませんでした。作者が絵の使用を許可しなかったからです。

杉森夫妻は、逆転の発想で、図版をいっさい使わない活字だけの「研究本」を作りました。堅苦しい学術書ではありません。「磯野家の人々の年齢はいくつか?」「磯野家のトイレはいくつあるのか?」といった様々な謎を、おもしろく解き明かす本なのです。図版がなくとも、キャラクターや、家のイメージは国民全員に浸透しています。これは92年最大のベストセラーになり、「謎本」というジャンルが生まれました。『サザエさん』のみならず、人気マンガやアニメであればことごとく「謎本」になったといっても過言ではありません。

図4
東京サザエさん学会編
『磯野家の謎「サザエさん」に隠された69の驚き』
1992年、
飛鳥新社

「『磯野家の謎』を制作した当時、京子は「ポップティーン」(飛鳥新社が出していたギャルズ雑誌)でよく仕事をしていて、そこの編集の赤田祐一さんから企

画の原案をもらったの。最初はサザエさんを小説にしたいという企画でした。北杜夫『楡《にれ》家の人々』のようなテイストにしたいということだった。それで京子は原稿用紙20枚を一晩で書いて持って行ったんです。京子は筆が本当に早い。えのきどもイタバシも筆が早かったけど、京子は超人的。竹熊さんと俺は筆が遅いから、商売を間違えたんだよ、きっと（笑）。

ところが小説として書いた『磯野家の人々』、いまひとつおもしろくならない。版元も読んで考え込んでしまって、小説化の企画はいったん止まってしまった。忙しい時期だったから、俺も京子も、その話をしばらく忘れていたの。

ところがある日、俺が〝あの企画、Ｑ＆Ａ形式にしたらおもしろいかも〟と思いついた。いくつか質問と答えのサンプルを作って飛鳥新社に持ち込んだら、おもしろい！　となって、単行本の企画として走りはじめたの。

編者が〝東京サザエさん学会〟になっているでしょう。実は慶應《けいおう》に岩松教授というサザエさんの研究をしている人がいることを赤田さんが調べ上げてきて、版元がその方を監修者としてお願いすることにしたんです。権威付けとしてね。結果は続編を含めて３２０万部の大ヒットになりました。」

一般に、編集プロダクションは版元の下請け会社なので、自分で著作権を持つことはありません。しかし杉森さんの仕事は、杉森さんが企画を立てて奥さんの京子さんが本文を書き下ろすやり方が多いこともあり、印税が入る著者として契約することが多いようです。

そして『磯野家の謎』も、編名義こそ「東京サザエさん学会」で、慶應義塾大学教授を監修者に迎えたとはいえ、実際に本を企画執筆したのは杉森さんの会社・有限会社ポチで、ポチも著者として印税契約を結んだ仕事だったのです。

320万部の印税収入が、はたしてどれほどの額になるものか、版元の飛鳥新社の収益が数十億円になったことから、お察しください。

俺、商才だけはあったのかも。

早い時期にライター専業を断念した杉森さん。その後、編集プロダクション社長として営業に専念していたのかというと、意外にも「自分には営業経験がない」というので驚きました。杉森さんにとって、仕事はつねに「向こうからやってくるもの」だったのです。彼は大学在学中からテレビにも出ていて、私の世代のフリーランスでは、もっとも早く売れ、名前で仕事が来るようになっていたからです。

実は、私自身も営業した経験がほとんどありません。向こうからやってきた仕事をこなしているうちに、その仕事がまた次の仕事を呼ぶ、ということの連続でした。私と杉森さんは仕事をしはじめたのも同じ時期で、筆が遅いことも共通しています。

なにが違うのかというと、企画力かもしれません。私は「おもしろい企画」ばかりを考えてここまで生きてきましたが、杉森さんには「おもしろくて売れる企画」を考える能力があるのです。「おもしろいが、売れそうもない企画」ばかり考えていた私は、当然のように仕事が途絶え、何度かひどい貧乏を経験しました。

「おもしろい企画」「売れる企画」なら考えつく人はいるでしょうが、「おもしろくて、売れる企画」はなかなか出るものではありません。杉森さんの他と違うところは、大学のミニコミで抜群におもしろい（笑える）文章を発表しながら、同時に「現役女子大生ヌード」を商業誌よりも早く、ぬけぬけと載せてしまうところにあったのだと思います。「おもしろいだけでは商売にならない」という杉森さんの言葉は、これからフリーランスを目指す多くの人が肝に銘じるべきだと思います。

「話は変わってしまうんだけど、俺はライターをしながら最後まで〝これは職業なんだ〟という意識が薄かった。なんでこんなことでお金がもらえるんだろう、もうしわけないな、という感覚があったんです。それは会社を作ってからも抜けなかったですね。」

杉森さんは１９７０年代の終わりに、私の前に「天才的におもしろい文章を書き、同人誌で月収１００万を稼ぐ学生ミニコミ王」として現れました。彼には「おもしろさ」と「売ること」を両立させる姿勢がありました。決して単純なビジネスマンではなかったところがおもしろいです。「おもしろさ」を追求する姿勢は、最後まで手放さないからです。

現在は編集プロダクション経営のかたわら、学生時代から大好きだったマッサージのお店を経営している彼ですが、私にはいまでも彼のことを「実業家」というより「自由業者」といった方がしっくりきます。

「出版以外の仕事をはじめるのが２００６年なんだけど、最初は儲からないわけです。でもちょっとした工夫や少しのアイデアで、人気が出て風向きが変わるんですよ。それは出版をやっている頃と同じだと思ったんです。

でも、勤務態度はけっこう変わった。ライターやっていた頃は締め切りも守らないし、仕事がなくなっても困るのは自分だけ、という感覚があった。どっかで〝仕事〟だと捉えてなかったせいだと思うんですが。でもいまの俺はけっこう真面目ですよ。麻雀も週2に減ったしね（笑）。

店を経営するのは客商売だし、スタッフのことを考えると意識が変わる。ライター時代や、編プロだけだった時の俺は〝お客さん、スタッフの役に立っている〟という感覚を味わったことがなかった。出版の仕事では、読者のため編集者のためと思って働いたことは一度もなかったのに。なぜ、そう思えなかったのかいまでも不思議なんですけど。」

ひとつには1980年代という「時代」の雰囲気が大きかったのではないかと思います。同世代なのでよくわかるのですが、私も杉森さんも「趣味が仕事になってしまった」ところがあります。それが可能になったのが1980年代という時代です。

あえて極論を言うなら、1980年代は、おもしろい文章さえ書ければ、誰でもライターになることができました。バブル時代は業界にかなりの余裕があって、企画の審査も甘かったのです。

「いま、ライターを目指す人はすごく少ないけど、それが正常なのかもね。」

私たちはライターに憧れてなったわけじゃなく、実は「ならざるを得なかった」人なのかもしれない。そういう人はいまでも一定数いると思う、と私は杉森さんに言いました。

「ああ、たしかに。ただね、俺が他の人と少し違ったのは商才があったからだと思う。自分で言うのもなんですが。たぶん自分の世代でおもしろいことを書ける人が100人いるとして、ライターとしての俺はランキングでみたら30～40位くらいだと思います。でもなぜ、大学生の頃に世間から一番に見えたか、一番目立っていたのかというと文章にエロをくっつけたというアイデアのおかげですよ。そのたったひとつのアイデアだけ。それが商才だったのかと思います。

『磯野家の謎』はシリーズ累計《るいけい》320万部でしたけど、20～30万部級のヒットを数えてみたら、俺、これまでに8作手がけていた。他にもハリーポッター関連書籍を累計150万部売っているし。『あの素晴らしい日ペンの美子ちゃんをもう一度』（2004年、岡崎いずみ、第三文明社、図5）は30万部いったし、『ゴルゴ13』の研究本『Theゴルゴ学』（2000

年、ビッグコミック特別編集プロジェクト）もそのくらい売れました。」

図5
岡崎いずみ著
『あの素晴らしい日ペンの美子ちゃんをもう一度』
2004年、
第三文明社

『日ペンの美子ちゃん』とは、1970年代の少女マンガ雑誌にはかならず載っていた、ペン習字の通信教育の広告マンガ。マンガ家が代替わりしながら描き継がれ、30年以上続いたのではないでしょうか。ですので、中年層のマンガ読者には、とても懐かしいマンガです。

しかし、これは広告マンガなので、1回も単行本になりませんでした。杉森さんは、これの単行本を企画して版元（第三文明社）に持ち込んだのです。

「『日ペンの美子ちゃん』の本もちょっとした工夫が功を奏したケースなんだけど、あれは広告だから著作権は日ペンが持っていた。それを本にしたい、という場合は日ペンに許可を取るだけでよかったんだよね。だから制作費もそれほどかからない。

しかし改めて振り返ってみると、俺はアイデアを出しただけで、結局京子が稼いでくれたお金を使っていただけ、ともいえるかもしれない（笑）。もし京子がいなかったら、死んでいたかもしれない。竹熊さんが〝自由業とホームレスは紙一重〟と言っていたけど、俺にも違いがわからない。俺は竹熊さんより気性が荒いから、もっと堕《お》ちるところまで堕ちていたかも。」

フリーランスとは自分で進路を選択する生き方のこと。

辞書で「自由業」を調べると「文筆業、もしくは医師や弁護士など」と出てきますが、文筆業と弁護士はまったく違います。あちらは国家資格が必要、こちらは誰でもライターだと名乗れる、なんの保証もない世界。私はいま、ライターをやっている若い子に「なんでライターになったの？」と聞いてしまうことがあります。

「俺たちはなんでライターになったんだろうね。やっぱりバブルだったことが大きいんだろうね。あの頃は本当にライターになりたい人がいっぱいいる、稀有な時代だった。〝40歳の壁〟を感じたことがあるかって？　俺は46歳まで原稿書きと出版プロデュースだけやっていた。その頃までは本当に忙しくて、一心不乱に仕事と麻雀に打ち込んでいたのね。でも最後の方は仕事がかなり減ってきて、いろんなことを考える時間があったんですよ。自分の行く末を考えて、好きなことを仕事にしてみたい、と思った。それですぐ麻雀店とマッサージ店経営が頭に浮かんだんです。

好きなことを仕事にするとろくなことにならない、って言うじゃない。酒飲みがバーを開いたら、自分で飲んじゃったり。麻雀好きが雀荘を開いたら自分で打っちゃうとか。でもおもしろいことにマッサージに関して、俺は舌が肥えすぎていて、自分のやってるマッサージ屋のセラピストに対して、自分が夢中になることはなかった。」

私や杉森さんがデビューして仕事をはじめた時代は、バブルと重なっていました。私はバブルの恩恵なんて受けていないと思っていたけれど、それは違いました。なんだかんだ言って、ろくに営業もしないフリーに仕事がつながったのは、社会全体に余裕があったということなんだと思います。そのおかげで私のような「勤め人としては使いものにならず、フリーにならざるをえない人々」がちゃんとフリーで食えていたともいえます。

「たまにえのきどと高校時代に会っていなかったら、どうしていたんだろうと考えることがありますよ。たぶん両親と同じように教師をやっていたと思う。でも40歳を過ぎたあたりで、自分の人生を見直して新しいことをはじめるんだと思う。だからたしかに〝40歳〟は勤め人にとっても節目の年齢なのかもしれない。」

フリーランスをしていると色々な「選択」をする場面があって、それを誰にも相談できず、1人で引き受けなければなりません。あのときああしていればよかったと思うことはありますか、と、最後に伺いました。

「イフの世界のことをまったく考えないと言えば、嘘になりますよ。でも、間違った〝選択〟なんて、これまでひとつもなかったと俺は考えるの。フリーランスとは自分で進路を決める生き方のこと。俺はそういう生き方ができて幸せだったと思うし、誇りに感じる。〝選

択〟をできることが良いのであって〝選択〟自体が間違いだったということはないと思う。言い過ぎかな（笑）。」

（2015年5月・都内某所にて）

第4章
50歳の壁はさらに高い。

44歳でブログをはじめる。

私は2004年暮れ、44歳のときブログをはじめました。インターネット歴じたいは1997年、37歳からですから、サイトをはじめたのは遅いです。WEBサイト、いわゆるホームページを作るにはHTML（サイトを作るためのコンピューター言語）の知識が必要で、私には敷居が高かったのです。

44歳になるかならないかの頃、日本初のブログサービスである『はてなダイアリー』が始まって、ネット界の有名人である山本一郎さんに強く勧められました。

「竹熊さんもブログやりませんか？　いまなら先手が取れますよ。」

ブログはHTMLなどの専門知識がいらず、メールや掲示板に書き込むのとほぼ同じ労力で自分のWEBサイトが作れるサービスです。先手、と彼が言ったのは、2004年春に『ココログ』というニフティのブログサービスが始まり、急激にブロガー人口が増えて、「ブログ元年」と言われていたからです。

それ以前、40歳から43歳は私にとってどん底期でした。多摩美の非常勤講師は2003年に始まりましたが、非常勤は担当時間当たりの時給制です。時給としては決して悪くないのですが、週1回では生活できず、アルバイトもはじめました。ライターの仕事はほとんどなく、時間は十分にあったので、ブログをやってみる気になりました。もともと自分のメディアを持つことが夢でした。

2004年12月14日にブログ『たけくまメモ』をココログに開設。作業はあっけないくらい簡単でした。もともと私は筆が遅いタイプで、担当編集者もいないブログがどのくらい続くか心配だったのですが。

『たけくまメモ』は、3日目にいきなりページビューが増えました。調べてみると、すでに人気ブロガーだった山本さんのページから人がやって来たことがわかりました。山本さんが自分のブログで紹介してくれたのです。コメント欄にも読者の感想が書き込まれるようになりました。

こうなると、ブログを更新するのがおもしろくなってきます。ブログは自分の文章をただ発表するだけでなく、立派な自立したメディアだということがわかってきました。ココログには**自前のアクセス解析がついていて、本日は読者が何人来たかが数値としてわかります。これは紙のメディアでは絶対にわからないことです。**

『たけくまメモ』は2012年初頭に『電脳マヴォ』へと発展解消するまで、ほぼ7年続きました。最初の1年は毎日長文のエントリを更新し続け、1日最高で9万5000人、トータルのアクセス数は3000万を超えました。

自分の文章を読んでくれる人がまだいたのか、と実感できたことは、スランプのどん底に落ち込んでいた私には、大きな励みとなりました。お金になるかならないかは、この際問題ではありません。

私にとっての「40歳の壁」は、ブログを書くことによって乗り越えることができた、と言えます。私の脳裏にありありと蘇《よみがえ》って来たのは、高校時代のミニコミ『摩天楼』の思い出です。友人に配布しただけの、わずか200部の雑誌でしたが、どこをどう巡《めぐ》ったものか、北海道から『魔天楼』編集部宛に読者から手紙が来たことがありました。「遠いところで自分の書いたものを読んでくれた人がいる！」と実感したことは、私の人生を変えた、と言っても過言ではありません。

少なくとも**私は、ブログを書き続けたことで、40歳以降におちいっていたスランプから脱出することができました**。なによりも、私の健在がアピールできたことで、減っていたライター仕事が、少しずつ増えてきたのです。こうした経験から思うことは、仕事がない、というフリーランサーは、とりあえずネットで自分の「存在」を発表し続けることです。それで新たな読者ができますし、業界にも健在をアピールできるでしょう。**私はたんに文章を書くライターではなく、編集者なのだ。文章や作品を載せるメディア込みで作ることで「自分の作品」になる**のだ、という考えは、若い頃からありましたが、はじめてこれを「実感」したのは、40代の多くを費やしたブログ『たけくまメモ』でした。やはり自分は「編集家」なのだと思いました。しかし、問題がひとつありました。ブログ、ツイッターを含めて、ネットの個人メディアは**基本的にお金にならない**、ということです。

ブログで売った『サルまん愛蔵版』。

もともとブログがまったくお金にならなかったわけではありません。『たけくまメモ』ではアフィリエイトをやっていて、毎日2万～3万人が平均アクセス数だった時期は、そこそこのお金（月数万）になっていました。

一番稼いだのは2006年夏に小学館から『サルまん愛蔵版』を再刊したときです。再刊される半年前から、ブログで告知をはじめました。「新しい『サルまん』では〝萌え〟をテ

図6
相原コージ+竹熊健太郎著
『サルまん2.0
サルでも描けるまんが教室2.0』
2017年、
小学館クリエイティブ

ーマにした新作書き下ろしを入れようと思いますが、私も相原くんも〝萌え〟がわかりません。私たちに〝萌え〟を教えてください。相原くんが〝萌え絵〟を描いてみましたが、うまく行ってないような気がします。まずい点があれば、ぜひ教えてください」

と読者に呼びかけたのです。

相原くんの絵（図6）を掲載したところ、全国のオタクのみなさんから「線がなってない」「顔の比率と目の位置関係、髪はこんな感じで」などと「赤ペン先生」をやっていただきました。それで、最終的に完成したのが図7です。

もちろんこれ自体がギャグのつもりでやったのですが、「ネットを使った読者参加型広告」として考えた「宣伝」でもありました。**ネットでなにかを宣伝しようというとき、たんに広告を載せるより「読者が参加できる企画」にしたほうが効果的**だと考えたのです。

『サルまん愛蔵版』の売れ行きは、すごいものでした。上下巻合わせて3200円と、マンガとしては高価で、小学館も、売れ行きは期待していなかったのです。しかし1ヵ月で初版計1万8000部は売り切れ、増刷がかかりました。一番驚いたのは、版元でした。

私は私のブログからアフィリエイトで『サルまん愛蔵版』を売りましたが、このときは月の売り上げが30万円を超え、これが2ヵ月続きました。アマゾンも、かなり驚いたらしいと小学館の社員から聞いています。

この経験から、**ある程度の読者数がいれば、ブログだけで生活するのは可能**かもしれない、と私は思いました。ネット上で安価にメディアを作り、アフィリエイトや広告を適《てき》宜《ぎ》組み合わせるなら「毎日4〜5万人の読者がいれば十分に生活ができる」という確信を、私は得ました。もちろん**中身のあるエントリを毎日更新するのが絶対条件**になります。これはスタッフを使わないと容易に実現できないと思います。

しかし、現実には、ブログで生活できている人はけっこういて、現在は会社化していますが、もとは個人ブログだった『GI

図7
相原コージ+竹熊健太郎著
『サルまん2.0
サルでも描けるまんが教室2.0』
2017年、
小学館クリエイティブ

GAZINE』などは、月のページビューが8500万もあります。社員数はわかりませんが、広告収入で経営が成り立っているようです。つまり**フリーライターが「個人出版社」をネット上で運営することは、決して不可能ではない**のです。

以上の経験を踏まえて、私は「町のパン屋さんのような出版社」というエントリを書きました。『たけくまメモ』では業界人を中心に、もっとも反響の多いエントリになりました。

「町のパン屋さんのような出版社」。

「町のパン屋さん」のような出版社ができないだろうかと、考えるのである。どこの町にも1軒くらいは「こだわりのパン屋」があるだろう。家族経営で、石窯《いしがま》で焼いた手作りパンを売っているような。宮崎駿の『魔女の宅急便』に出てくるグーチョキパン屋とか、そんな感じだ。ご主人が奥でパンを焼き、奥さんが店に立ってパンを売る。奥さんが身重になると、女の子をバイトに雇って店番を頼んだりして。

事業規模はとても小さい。売り上げも微々たるものだが、旦那と奥さんと生まれてくる子供が生活できるのなら、それで十分である。お客さんは町の住民に限定されるので、奥さんの対人会話能力が店の生命線である。うまく行けば、ただパンを売るだけではなく、地域のコミュニティセンターとして機能することもある。こうなれば、町の店舗の理想であろう。

パン屋さんでなくとも、八百屋さんでも魚屋さんでも、地域に密着した独立型店舗ならなんでも良いと思われるかもしれないが、そうした店とパン屋さんとでは決定的な違いがある。八百屋さんや魚屋さんの場合、売りものを自分で作ったり、採集してくるわけではない。生産や収穫は別の場所で別の人がやっているので、そこが町のパン屋さんとは違う。私が言う町のパン屋さんは、売りものを自分で作って、自分で売るのである。

ここで出版の話になるが、もともと作家や出版という仕事は、町のパン屋さんのようなものではなかったかと思うのである。たとえば『文士の生活』という漱石のエッセイを読むと、明治・大正時代の作家の生活がどういうものかがわかる。

これによると、漱石の『吾輩は猫である』の初版は2000部だったことがわかる。『猫』の第1巻は明治38年に出ていて、このエッセイが書かれた当時（大正3年）で35版まで行ったそうだ。増刷が1000部ずつと出ているから、トータル3万8000部くらいである。漱石は謙遜《けんそん》して書いているのだが、明治大正期であれば、この数字は大ベストセラーだったといえる。

漱石は『猫』出版にあたって、美的でセンスのよい装丁の本にすることを望んだようだ。そういう条件を出してきた版元を選んでいるし、直接自分で表紙の絵を画家に依頼もしている。現在の作家とは違い、編集者的な領域にまで踏み込んでいるのである。

『文士の生活』を読むと、日々の生活は、朝日新聞社の社員としての給料でまかなわれていたことがわかる。社員と言っても新聞記者をしていたわけではない。明治大正期までは、小説家やマンガ家を新聞社が雇い入れ、給料を支払って連載作品を書かせることが多かった。つまり漱石ほどの人気作家であっても、フリーでは食べられなかったということである。

また、かつての単行本には「検印《けんいん》」が貼ってあった。著者がオリジナルの証明印紙を発行して版元に渡し、版元はこれを本に1枚1枚貼って出版していたのである。版元が発行した印紙に著者がハンコを押していたものもある。私が子供の頃（1960年代末）までは、ほんものの検印が貼ってある本を見かけることがあった。

これはどういうことかというと、つまり今度の本の発行部数は1000部ですと決まったら、著者は印紙を1000枚発行して（または1000枚の印紙にハンコを押して）版元に渡す。版元は、検印のない本を出版することはできなかった。この「検印」があって初めて「たしかに著者はこの本の発行を認めました」という証明になる。版元が著者に黙って部数を水増しし、印税を誤魔化《ごまか》す悪事を防ぐ意味があったのである。

なにを言いたいかというと、つまりかつての単行本は、著者が1冊ごとの印紙にハンコを押すことができるくらい、部数が少なかったということである。ベストセラーといわれた漱石の『猫』初版が2000部だったことから考えて、明治大正期までは1000部以下の単行本が多かったのではないかと思われる。識字率から考えても、本を読む人間がいまほど多かったとは考えられない。その代わり値段は高く、文字が読めて経済力がある少数の人間に向けて本は出されていた。

ここで話は戻る。「町のパン屋さんのような出版社」の話だ。いまは同人誌に特化した印刷屋さんも多く、大規模即売会が毎月のように開催され、宅配便サービスが整備されていて、インターネットによる宣伝や通販の手段が確保されている。

であるならば、本を自分で作って自分で売ることが一般的になったとしても、私は驚かない。5万部・10万部の本が出したければ、従前通り出版社と取引をすればよい。だが、現在一般的になっている初版3000〜5000部程度の本を出すのであれば、出版社を介さずに自分で出したほうが、効率はよいのではないだろうか。

もちろん個人出版で5000部はきついから、せいぜい1000部、2000部かもしれないが、一般的な著者印税が定価の1割だから、定価を少し高くして、自分で1000部売るほうが儲《もう》かる理屈である。

こういうことを考えている人間は、私だけではないだろう。かつて、わが国には貸本屋という商売があった。いまのレンタルビデオ店くらいの数はあったので、当然、貸本専門の出版社が多数あり、多くはマンガを出していた。貸本専門のマンガ家が多数いたのである。その中には水木しげるや白土三平、さいとう・たかをといった大御所マンガ家もいた。

ところが、昭和35年にピークを迎えた貸本産業は、その後急激に衰えて、昭和40年代後半にほぼ消滅してしまう。背景には貸本マンガを支えていた若者層のライフスタイルの変化がある。かつて本や雑誌はとても高価で、多くの若者は狭いアパート暮らしだった。ゆえに本は借りて読むことが一般的だったわけだが、生活水準の向上で「本を買って所有する」人が激増したのである。

貸本マンガの衰退が顕著になった昭和40年代初頭には、マンガ家による「個人出版社」がブームになったことがある。さいとう・たかを、佐藤まさあき、辰巳ヨシヒロ、横山まさみちと言った売れっ子が、次々マンガ出版を手がけた。これは業界の衰退が明らかになってマンガ家の手取りが減ったため、いっそ自分で出版して取り分を増やそうと考えたからだと思われる。

良いアイデアだったが、1960年代後半には、貸本屋が激減して出版・流通システムそのものが消滅してしまった。この中で唯一生き残ったのは、いち早く一般流通の出版システムに対応できたさいとうプロ出版部（現在のリイド社）だけだ。

特定のライフスタイルに密着した産業は、時代の変化に弱い。かつては栄華を極めた巨大産業でも、なにかのきっかけで、一瞬のうちに瓦解《がかい》してしまう。そうしたことは何回も繰り返されているはずだが、「そのとき」が来るまで多くの人間は気がつかない。気づいたとしても、「なんとかなるだろう。自分が生きているうちは」と考えてしまう。

現在起こっていることは、マスコミを支えるシステムそのものの大激変であって、1960年代の貸本産業に起きたこととは規模が異なる。あのとき貸本産業に起きたことが、いまや出版を飛び越え、放送まで含めたマスコミ全体に起こっている。

おそらくインターネットをはじめとしたメディア環境の変化の結果が、いまのマスコミ全体に及んでいるのだ。これは産業革命や原水爆の発明に匹敵する不可逆的な歴史的変化なので、従来のシステムやパラダイムのことごとくは無効化してしまうのだと考えたほうが良いと思う。

いま、われわれが目撃しているものは、マスメディアという「神々の黄昏《たそがれ》」である。かつて俺自身、そこにお世話になった人間なので、寂しさがないと言えばウソになる。いまもそれに依拠《いきょ》して生活している友人知己は多い。彼らだけでも、なんとか生き残って欲しいと思う。

もちろん出版や書物が完全に滅び去るとは思わない。たしかに貸本産業は滅びたが、マンガは生き残り、その後隆盛を極めたのだから。

私が思うことは、マンガや本は生き残るが「産業」としてはクエスチョンだということだ。俺が考える「未来の出版」は、限りなく町のパン屋さんに近いイメージのそれである。書物作りは、そもそも手作りパン屋さん程度の事業規模が適正だったと思うからだ。（たけくまメモ　２００９年7月19日）

大学教授には免許が要《い》らない。

２００７年、47歳の私は、京都精華大学のマンガ学部客員教授として招聘《しょうへい》され、これを受けることにしました。その翌年、今度は常勤で、専任教授になってくれという話が来ました。私はそれ以前に5年、多摩美の非常勤講師として勤《つと》めていましたので、できると思い込んでいました。

フリーランス生活28年目にしてはじめての「就職」。ようやく月々の安定した収入が得られるというのです。これを逃す手はない。母はすでに物故していましたが、なにより父が喜びました。

多摩美の非常勤講師は初年度の受講者数が750人、それから抽選で定員を前後期600名にして、いまも続く人気講義になっています。私は、教育者としても十分やっていけると勘違いしていました。

それで精華大の誘いを受けたのですが、後から考えるとこれは私の人生にとっては大失敗の選択でした。大学にとっても、私のような人間を入れたことは大失敗だったでしょう。

大学が私に声をかけてきたとき、専任教授というものはどういう仕事をやるのかということを、誰も、なにも教えてくれませんでした。やってみて、騙《だま》された、と思いました。私は、大学教授は週に二、三度授業だけして、あとは「自分の研究」に没頭していれば良いものだと、素朴に考えていました。とんでもない思い違いをしていたのです。

実際には授業以外の会議、役員仕事、事務仕事が、とにかく多いのです。さらに学生の生活指導。中学生ならともかく、大学生に生活指導はナンセンスだと思います。しかしいまの大学は、事実上、義務教育の延長ですから、当然のように保護者も生活指導を求めます。

さらに入試対応。これは昨今の大学の死活問題です。子供が余っていて、待っていれば受験生が向こうから押し寄せる時代ではないのです。高校に赴いての模擬授業など、ようは大学の宣伝。これをノルマのようにやらされました。なにひとつ現在の大学の実情の知識が無い状態で、いきなり仕事をはじめてしまったのが、私の失敗の原因でした。

先にも書きましたが、私は大学に入学していません。高等学校までの教員になるにはきちんと大学に入り、教職課程を取って、教員免許を取得する必要がありますが、**唯一、免許が要らないのが大学教員**です。とくに私が教えているのは美術大学なので、画家やマンガ家、評論家としての実績があれば、教職の資格がなくとも、教員になることが可能です。

私と同世代のフリーランスで、大学に救われた、という人は少なくありません。四十代、五十代になって仕事が激減し、妻子とローンの返済を抱えて途方に暮れているフリーランスは多いので、ここ十数年で増えてきた、**大学のサブカル系学科やコースに教員として招聘されることが救いの神**になっているのです。

なぜ、大学にそういったサブカルチャー系の学科が増えてきたかというと、表の理由と裏の理由があります。

表の理由は、戦後台頭したマンガやロックなどのサブカルチャーが、団塊の世代と高度経済成長を背景に文化として発展し、後続のオタク世代の台頭でビジネスとして無視できなくなって、いまや日本の文化的中核を担う存在となってきたからです。それなりの歴史が積み重なり、マンガやアニメは子供中心の文化ではなく大人も見る文化となって、そこから世界的な巨匠も出、大学の研究対象として充分な文化的厚みが出てきました。

マンガをアカデミズムの俎上《そじょう》に載せようとする動きは、戦後の大衆文化・子供文化を研究対象と考えた社会学者・鶴見俊輔の『思想の科学』や、美術評論家の石子順造が１９６７年に創刊した雑誌『漫画主義』から始まりますが、アニメを含め、本格的にアカデミズムが研究・講義対象として扱いはじめたのは１９９０年代に入ってからです。大学でマンガやアニメの学科や講座が始まったのは、例外を除けば２０００年代に入ってからと言えます。

そして、**裏の理由が「少子化」です。**少子化の進行による学生不足により、**「若者が好むサブカルチャーを教えることで、少しでも多くの学生を集める」**という身も蓋《ふた》もない現実的な理由です。**大学は学生（の親）が支払う授業料で経営が成り立っており、学生は経営的に見れば「お客さん」**なのです。

学生不足の背景には、少子化以外にも、バブル崩壊以降の我が国の不景気が強く影を落としています。昔なら大学に進まなかったような層が、就職のことを考え、大卒の資格を求めて進学するようになったのです。さらに、１９９０年代の文科省による規制緩和で全国に大学が乱立したことも背景にあります。こうした要因が絡《から》み合って、**いまの大学は、多くの大学が少ない学生を奪い合う仁義なき戦いに突入しています。**

モンスター・ペアレントと面談して、大学に対する愚痴《ぐち》を延々「お説ごもっとも」と聞いてあげるのも仕事になります。これでは研究や授業の準備もなかなかできません。

学生を1人でも逃したくないため、大学生の生活指導や悩み相談、就職相談に乗らなければならず、それが教師の仕事である現状を見て、ついて行けないものを感じました。大学とは、18歳を越えた学生を「大人」として扱い、授業への適性を欠いている、単位を落としそうな学生がいたとしても、それは本人の自己責任として放っておき、ダメな学生はバンバン落としていくものだと思っていたからです。

いずれにしても、大学生は大人扱いして、出欠や試験、課題提出のみで成績をつけ、それ以外は自己責任で放っておく、単位が取れず卒業できなくても自己責任、というのが、大人に対するまともな対応ではないでしょうか。しかし、**そうは言っていられない事情が、いまの大学にはあるわけです。**

ここで私が勤務した大学の内部事情や、少子化時代の大学のシビアな経営の現状を書きはじめるとキリがなくなりますし、関係者にいらぬ迷惑をかけることになります。ここでは、いかに私が「大学の専任教員として適性がなかったか」を書くにとどめたいと思います。

ツイッターをはじめる。

ツイッターをはじめたのは2007年の秋からです。私としては、雑誌に文章を書くことと、ブログなどと同じスタンスではじめたのですが、ツイッターはブログとは比べものにならないくらい、「相互コミュニケーション」の要素が強いツールなのです。

私は雑誌に文章を書いていましたが、それはあくまで「読者に読んでもらう」もので、反響は後からこちらに届くものでした。ところがツイッターはダイレクトに、間に編集者を介さない状態で読者に届き、その反応もダイレクトです。しかも相手は匿名《とくめい》。ここに「炎上」が起こる基盤が整っているわけです。

SNSには編集者がいないのも致命的。編集者は、この文章を載せたらどういう反響を呼ぶか、作者に代わってジャッジする仕事だからです。作者としては、穏当な表現よりもインパクトがある言葉を使いたい、責任も取るつもりでいるのだけれども、それが雑誌に載る以上、責任を問われるのは編集者も同じ（責任を作者に代わって取るのも編集者の仕事）なわけですから、「これは問題になるな」と思われる文章は、編集の段階でチェックされ、書き直しを要求されます。

ブログにも編集者はいないのですが、私の印象では、ブログに記事を書き、読者がコメントを寄せるという形式には、ブログ主と読者の間に非対称性が存在します。ブログ主はコメントを一方的に削除することも、コメント欄そのものを廃止することもできるわけです。

つまりその場を編集的にコントロールできる比率が、ブログはツイッターよりはるかに高い。たとえコメント欄が荒れても、ブロガーは比較的それを容易にコントロールできるわけですが、ツイッターは、それができません。せいぜいミュートかブロックするくらいです。しかし最初の数年、よほどしつこく絡《から》まれない限り、私は誰かをブロックすることをしませんでした。なので、フォロワーが増えるにつれて、私のツィッターでのやりとりは、荒れることが多くなってきました。

そもそも匿名の投稿者が大多数のネットにおいて、実名で発言すること自体、大きなリスクがあります。どんな意見にも異論があり、立場が異なる人がいます。そして「本音」を公にしてしまうと、どんな非難を浴びるかわからない。だからこそ匿名で書く人が多いのでしょう。反対にいえば、匿名が主流の場で実名で発言をすることは、良い意味でも悪い意味でも、それだけで目立つわけです。

ツイッターは大群衆を前に拡声器で叫ぶ「独《ひと》り言《ごと》」です。したがって強い自己コントロール能力というか、自分の本音と、それが拡散したときのリスクを冷静に推《お》し量《はか》るバランス感覚が要求されます。

「タテヨコ問題」で大炎上。

いま思えば、2011年3月の「あの日」が変わり目でした。私が「炎上の竹熊」と異名を取るようになったという意味でもそうなのです。私は「自分が正しいと思ったことを言う」という意味では一貫しているつもりなのですけど、あの日を境に、世の中の「空気」が、ガラリと変わったのです。

福島第一原発事故を受け、私は、最初から反・脱原発の立場でツイートしていましたが、そのことによって、いつの間にか日本が異様なまでに保守的な国になっていることを痛感させられました。ここで詳しく書いてもしかたがありませんが、私はツイッター上で反・脱原発を主張し続けたことで、何人かの友人を失いました。私自身は間違ったことを書いたつもりはないので、後悔はしていません。

3・11は日本にもう一度来た「戦争」ではないかと思います。1945年の敗戦は日本の方向を180度変えましたが、3・11を境にして、それまでとはまた反対方向に日本の進路が変わったようなのです。

私について言うなら、ツイッターでの口論で友人の何人かと絶縁し、腐っていたところに、政治とはなんの関係もない「マンガのタテ書き・ヨコ書き問題」で、ある評論家と論争になり、それがいつの間にかヤフーニュースでも取り上げられる「大炎上」に発展してしまったのです。

日本のマンガは他の日本の書籍と同じく、日本語の書字方向に従ってページもコマも右から左へ進行し、吹き出しの文字もタテ書きで描かれますが、これを作者が原稿執筆の段階で、アメコミと同じく、左から右へとコマを読ませ、文字もヨコ書きで描いたらどうか、と私は提案したのです。

文章なら翻訳の段階でヨコ書きに直せば良いだけですが、マンガの場合、そう簡単な問題ではありません。文字とは違い、絵やコマは、簡単にページ方向を反対にするわけにはいかないからです。

そこで版の絵を裏返して（逆版＝裏焼きにして）海外向きに出せば良い、という考え方もあります。実際、1990年代までの日本マンガの翻訳は、逆版で出版されることがスタンダードだったのです。

それが2000年代の頭に、アメリカの日本マンガ専門出版社TOKYO-POPが、開きを日本のままにして、吹き出しの中だけ英語に翻訳したところ、意外にも現地のマンガマニアに好評だったのです。

なぜかというと、マニアは、どこの国のマニアもそうですが、極力、オリジナルの状態を好むからです。

海外の日本マンガのマニアは、日本のオリジナル作品がセリフはタテ書きで、コマもアメコミとは逆方向に読ませる、右綴《と》じ左開きの日本仕様だとわかっていますので、日本オリジナルのままの方が喜ばれるのです。

この事実は日本のマンガ関係者を喜ばせました。日本マンガをオリジナルのまま、喜んで読む外国人がいるという事実は、わざわざ作品を裏焼きして洋書仕様に変更しなくて済み、大幅なコストダウンにつながる、大発見だったのです。

以上の経緯は私も充分に承知していました。それでも「日本マンガをヨコ書きにせよ」と私が主張した理由は、日本仕様を喜ぶ読者はあくまでも一部のマニアであって、マニア以上の読者層の広がりを持たないのではないか、と危惧《きぐ》したからでした。

私のこの危惧は、少なくとも2012年のツイッターでは、日本のマンガファン、マンガ関係者の総スカンで終わりました。業界関係者を敵に回して一歩も引かなかった私の態度は、次々とアンチを呼び寄せ、ついに「憎悪の壁」が私めがけて押し寄せるような、大炎上となったのです。私の主張の「何か」が、そうした人たちの神経を逆なでしたようです。

心療内科のお世話になる。

「マンガのタテヨコ論争」は、別の意味でも、私に不都合をもたらしました。それというのも、まさに私が京都精華大学の教授になってから、この炎上をやらかしたからです。

精華のマンガ学部は、マンガを学問として研究する場所ではなく、ベテラン作家がマンガ家志望者に描き方を教えて、1人でも多くの学生をプロ作家として業界デビューさせることを目的とした学部です。その教授が、業界を敵に回すような発言をツイッターでして、炎上までしたものですから、大学としては、かなり困ったのではないでしょうか。

実際、私に対して大学関係者が、それとなく遠回しに忠告してくることもありました。しかし、もちろん、大学としては「書くな」とは言えません。日本は憲法で言論の自由が保障されているからです。とにかく、ツイッターと大学教授を続けているうちに、発症しちゃったんですね。適応障害を。

そもそも自分の「体質」がわかっていたら、絶対、大学の専任は受けませんでした。ネットに「メンタル診断」みたいなサイトがあるではないですか。炎上中、そういうものをやったら、「あなたは発達障害の疑いがあります」と出るのですね。

あまりにも思い当たる節が多いので、メンタルケアの仕事をしている友人に相談して、心療内科を紹介してもらいました。看《み》てもらったら、やはり軽度発達障害という診断が出ました。かつ、適応障害を併発していると。

つまり、**私は生まれつき勤め人には向いていないのに、無理して組織の中で仕事をしていた結果、適応障害を起こしていたわけです。**発達障害の適応障害には、あくまで疑似症状ですが、統合失調症《とうごうしっちょうしょう》の初期症状や双極性障害《そうきょくせいしょうがい》（躁鬱病《そううつびょう》）の初期症状が出ることがあると言われました。ああ、そうだったのかと思いました。

発達障害の人の話を聞くと、みなさん同じです。まず、ふたつのことが同時にできない。ひとつの仕事が終わるまで、次の仕事に手がつけられないのです。しかし仕事の締め切りが重なるなんてことはふつうにある。これで仕事相手には、いつも迷惑をかけていました。どうしていたかというと、催促の声が大きい仕事を優先していたのです。これまでの自分の生き方、やりたくない仕事は後回しにする、最悪放り投げる。なぜそんなことばかりやっていたのか、自分でも謎だったものが、これで氷解しました。

かくして、兼業とか、ふたつの仕事を同時にやる状況は、私には無理だった、ということが50歳でわかったわけです。気づくのがあまりに遅かったけれど、人生の謎が解けました。なぜ私は家を出たのか。なぜ私は大学へ行かなかったのか。なぜ私は就職しないで最初からフリーでやってきたのか。ああそうか、無意識に、そうしたふつうの生活は自分にはできない、そうした状況を避けてきたのだ、ということが、よくわかりました。

大学教授を辞める。

結局、大学教授はやっていられないということで、辞表を書いてなげうってしまいました。後で詳しく述べますが、そのときすでに私は『電脳マヴォ』をはじめていました。収入がほとんどないサイトですから、その運営費はぜんぶ、大学の給与とボーナスでまかなっていたのですが。

こういう、そのときの環境や収入、なにもかも放り投げてその場から脱出するようなことが、私の人生では何回もありました。

１９９０年代にやっていた週刊マンガ雑誌での原作連載の時は、マンガ家さん、編集者とうまく行かなくなり、連載を中途降板しました。羽生生純《はにゅうにゅうじゅん》くんと組んで連載していた『ファミ通のアレ（仮題）』も、アンケートは決して悪くなかったのですが、丸３年続けて、これ以上はマンネリにおちいると自分で判断、編集部に終了を宣告しました。脳梗塞から生還して連載した『サルまん２・０』も途中で続けられなくなり、相棒の相原くんに謝って中断しました（しかし最近になって『サルまん２・０』は、未完のまま、奇跡的に小学館クリエイティブから刊行されました）。

私の場合、連載打ち切りは、ほとんど経験がないのです。ぜんぶ自分から辞めているのです。脳梗塞をやる前からそうでしたから、やはり生まれつきの障害が要因として大きいのだと思います。

私にとっては、お金より、やりたいことがやりたいようにできるかが大事で、それができなかったら、仕事をなげうってしまうのです。その後、どうなるかなんておかまいなし。後悔もしません。

自分のやりたいこと以外はいっさいできない。私の場合、それが極端なのです。やりたいことができないのなら、月収100万がパーになっても平気なのです。結婚が失敗したのもそうです。私はふつうの家庭がとうとう作れなかった。世間で言う幸せな家庭というものが、私には居心地が悪くて、どうしようもないのです。

1年半で別れて子供も作らなかったというのは、いま思えば、家庭を築くことは私には無理だとわかっていたのです。子育てを取るのか仕事を取るのかみたいな状況に、自分を置きたくなかったのです。妻子のために働く状況になったら、それがふつうの人間なのですが、私は確実に適応障害を起こすでしょう。

大学では、2014年から大学に新しいコース（ギャグマンガコース）を作るという話になって、それの創設を私が任されたのでしたが、私は土壇場まで、全然仕事ができませんでした。鬱状態に陥り、もう授業ができないと悟った私は、田中圭一さんに助けを求めたのです。田中さん、大学来ませんかと言ったら、彼もちょうど転職を考えていたみたいで、喜んで来ました。それで田中さんと私で、1年間授業をやったのです。私1人だともう耐えられない状態でしたので、田中さんには、ほんとうに助けられました。

大学を辞める頃には、もう大学の仕事も、それまでいたマンガ業界も、なにもかも嫌になっていて、精神的にはどん底でした。でも大学辞めたら「マヴォ」が続けられない。どうにもこうにも八方ふさがりで、藁《わら》にもすがる思いで心療内科に行き、適応障害の診断書を書いてもらいました。それを教授会の後、学部長に申告したのです。そうしたら、大学の幹部教員と職員がダーッと集まってきて、私は取り囲まれてしまいました。

大学はよほど私の取り扱いに苦慮していたみたいです。私は彼らに診断書を見せ、こういう次第で、仕事は続けられませんと言いました。そのときの学部長の、ホッとしたような表情が忘れられません。そんな次第で、1年休職してから、私は大学を辞めたのです。

それからの私は、『電脳マヴォ』を私のライフワークと定めて、専念することに決めました。マネタイズの目処は全然立っていませんでしたが、これは残りの人生を賭けて取り組む価値のある仕事だと思ったからです。この本の最後は、『電脳マヴォ』について書きます。

フリーランスの生き方の締めくくりとして、私が人生を賭けて取り組んでいることについて、書きたいと思います。

第5章

田中圭一《たなかけいいち》

サラリーマンとマンガ家を両立させる男。

田中圭一(たなか・けいいち)

1962年、大阪生まれ。マンガ家。京都精華大学マンガ学部ギャグマンガコース准教授。大学在学中に小池一夫劇画村塾神戸教室に入塾し、1984年「ミスターカワード」でマンガ家デビュー。『ドクター秩父山』がアニメ化されるなど人気を博す。パロディを題材とした同人誌も多数発表している。近著に『ペンと箸』、『うつヌケ』など。

異色の兼業マンガ家。

田中圭一さんはマンガ家として著名ですが、フリーランスとしては変り種だと言えます。デビューから30年以上、フリーであるマンガ家と、まったく畑の違う分野のサラリーマンを兼業作家として続けているのです。会社の仕事としてマンガを描いているわけではありません。マンガは休日を利用して描いているのですが、単行本もすでに20冊以上ある、ベテランのプロマンガ家です。

1984年、近畿大学在学中に『ミスターカワード』（コミック劇画村塾）でデビュー。以後、一貫して下ネタを交えた過激なギャグマンガを描いています。

ところが田中さんは、大学を卒業してから大手玩具メーカーに就職し、以後30年以上、転職を繰り返しながらも、マンガ家とサラリーマンを兼業しつつ現在に至るのです。商業誌連載を切れ目なく行っているマンガ家で、サラリーマンも絶対に辞めないという、こういう人を私は田中さん以外に知りません。

田中さんはこれまで5つの会社を渡り歩き、現在では京都精華大学マンガ学部の准教授になっています。同時に、5番目に就職した会社も嘱託という形ですが、まだ辞めていません。

こうした中で現在もマンガ（『うつヌケ〜うつトンネルを抜けた人たち』〈ｎｏｔｅ、文芸カドカワ電子版〉『田中圭一のペンと箸――マンガ家の好物』〈ぐるなび　みんなのごはん〉『若ゲのいたり　ゲームクリエイターの青春』〈電子ファミニコゲーマー〉）を連載しているのですから（インタビュー当時。ちなみに『うつヌケ』は現在33万部超の大ベストセラーになっている）、この人の頭の中はどうなっているのか、いまでも不思議です。創作活動とサラリーマンの、とくに営業職は正反対といっても良い仕事で、ふつうに考えて、兼業は非常な困難を伴うと思われるからです。

「兼業作家ってかたわらから見ていると珍しいし、どう仕事しているのかとよく聞かれるんですが、僕にとってはこれがデフォルトです。大学在学中のことですが、就職する半年前に『ミスターカワード』でマンガ家デビューしまして、その後に雑誌で『ドクター秩父山』（図8）連載することになりました。サラリーマンより、作家デビューの方が早かったのです。連載を抱えた状態で玩具メーカーのＡ社に内定をもらい、Ａ社にはマンガの仕事を隠して兼業していました。１９８６年のことです。平日は仕事をして、土日にマンガを描くという生活をずっと続けてきたので、もう慣れてしまって、特別大変だという気持ちはないんです。」

図8
田中圭一著
『ドクター秩父山』
2005年、
アスペクト

こういうマンガ家は本当に珍しいです。小説家や作詞家なら、あるいはいるかもしれません。ソングライターの小椋佳《おぐらけい》は、作詞作曲業のかたわら、第一勧業銀行（当時）に長年勤め、頭取候補にまでなりました。ヒット曲を多数持つミュージシャンでは珍しいケースです。しかし、作詞作曲とマンガでは、作業時間が違います。マンガはアイデアだけでなく、絵を描くことに相当な時間を取られるからです。

田中さんの場合、サラリーマンをきっちりこなしながら、土日と祭日のすべてをマンガ執筆にあてる生活を30年以上も続けています。これでは休日がまったく無いことになります。サラリーマンを辞めて専業作家になりたいという気持ちはなかったのでしょうか。

「それはありました。サラリーマンでキツいときはそう思っていました。僕がA社で働いているときはちょうどバブルの頃で、営業のノルマが昨年対比１３０パーセントみたいなことがザラにあった。平日の仕事がつらかったからこそ、休日にマンガに打ち込んでいた面があ

ります。試験勉強が大変なときこそ、現実逃避でいろんなアイデアが浮かんできたりする。それと一緒です。自転車のペダルを漕《こ》ぐようなもので、マンガ家とサラリーマンどっちかを辞めてしまったら、前に進めない気が僕はしていました。」

キュリー夫人が研究に疲れたとき、気休めに高等数学の問題を解いていたような話に私は聞こえました。しかし、営業職のサラリーマンとマンガ家は対極にある仕事なだけに、案外、マンガの仕事が「気休め」になるということは、田中さんのような真面目な性格の人ならあるのかもしれません。

もともとが趣味だったとしても、アマチュアとプロフェッショナルではやることの意味が違います。プロの仕事には発注者（版元）の要求と納期があり、それをきっちり守ってこそ、その作家はプロと呼べるのです。

つまり田中さんは性格の違うふたつの「プロ」を30年以上も掛け持ちしていることになります。当然の話ですが、プロには雇用主やクライアントに対する責任が伴います。まったく異なるふたつの責任を、田中さんは一身で背負っていることになるのです。田中さんを知る多くのプロマンガ家が驚嘆する理由が、ここにあります。

サラリーマンとしての田中圭一。

田中さんの特異なところは、マンガ家は続けながら、会社を何度も転職しているところです。その間マンガの単行本を何冊も出し、大手での連載も経験しています。このような場合、退社を機にマンガを専業にするのがふつうです。

もちろんマンガ家は自由業で、芸能人と同じく人気商売ですから、続けることが困難な職業です。あるベテランのマンガ編集者が、編集後記にこのようなことを書いていました。

「マンガ家は、10年続けられれば一人前、20年続く人は天才、30年続けばバケモノ。」

――そう、30年続く人はバケモノなのです。ところが田中さんは、その30年をサラリーマン兼業で来ているのです。こういう人をどう表現すればよいのでしょう。

「僕は運がよくて、サラリーマンとして転職するたびに、おもしろい仕事にありつけたことも大きかったです。最初のA社に入ったのは1986年、バブル景気の時期だったので、斬《ざん》新《しん》な商品がいっぱい出て、かつ売れたんです。その後1996年に転職したB社はゲーム会社でしたが、バブル景気がはじけた後にゲームブームが来たんですよ。だから、僕も周囲も盛り上がりの中にいました。

B社には5年間在籍しました。最初はCG部門の下働きをやっていたんですが、前のA社で営業をやっていた経験もあって、マネージャー的な仕事をするようになりました。ゲーム全体を統括するようなポジションで、2作品作りました。」

ゲーム会社の仕事では、田中さんのアイデアで某大御所のマンガ家にキャラクターデザインを依頼するなど、楽しかったそうです。しかし、2000年代に入って、ゲームブームに陰《かげ》りが出てきました。田中さんのいたB社も、だんだん経営不振におちいっていきます。

「1990年代後半のゲームブームで、銀行からの融資が各社に過剰に集まっている状態だったんです。僕がいたB社もそうで。その前のA社がバブルからの右肩下がりを経験した後に転職して、B社の右肩上がりを前提にした経営計画をみてヤバイな、と直感したんです。案の定、計画通りにはいかず、そんな中で僕が企画したゲームは半年で作れ、ということになったんです。

ゲームは長いもので3年、ふつうでも1年かけて作りますから、突貫工事で対応しなくてはなりませんでした。僕はとにかく間に合わせることを最優先にしてしまって、ゲームとしてはアンバランスな出来になってしまったんです。

その一件もあって会社との折り合いも悪くなった頃、Cという会社がマンガを描くソフトを作るということを知りました。そこならマンガ家として自分が持っているスキルと、いままでの会社員の経験を活かせるのではないかと思って転職したんです。」

田中さんがC社に入社したのは2001年の夏。最初のA社が1986年から1996年の10年間。バブル崩壊後、A社を辞めて2ヵ月の空白を経て景気のよかったゲーム業界のB社に入社。そのB社を2001年の夏に辞めて、C社に入社します。サラリーマンとしても、マンガ家としても17年が経過していました。

ところがC社は半年で辞めることに。ここの社長が超ワンマンで、やる気満々で入社した田中さんの提案がほとんど却下《きゃっか》されたからです。社長が激昂して大声で怒鳴り散らし、モーレツ社長の下で働くことに耐え切れず辞めていく社員が続出していました。

「僕も早々にイヤになって、半年で辞めました。その後、ゲーム開発用のソフトを作っているD社に入社することになるんです。社員のほとんどがエンジニアで、営業の人間なんていないような小さな会社です。」

なぜ鬱《うつ》になったのか。

実は田中さんの心の状態は、D社に入社したあたりから少しずつ不調になってきました。鬱病になっていたのです。マンガ家とサラリーマン、二足の草鞋《わらじ》生活が長いことも大変でしたが、それ以上に、会社員として人間関係のストレスが蓄積していたのがその原因でした。

「D社に入ってすぐ鬱になったわけではないんです。会社員としての僕には変なツキがあって、転職した最初はものすごくうまくいくことが多いんです。

D社は技術系の社員が集まった会社だったので、入った年は仕事が順調で、周囲からは〝営業がわかる人が入ってきたらこんなに成績が上がるんだ〟とリスペクトしていただいたんです。でも僕自身はどうも自分の実力以上にうまくいっているように思えて、成績が落ちてきたとき怖いなと思うようになりました。

この業界での営業は〝技術営業〟と呼ばれる仕事で、もともとはプログラマーだった人が営業を担当していたんですね。僕はゲーム会社にいたけど、開発をやっていたわけではないし、プログラムがわかるわけではなかった。

最初はとてもうまくいったものだから、成績が落ちてくると手を抜いていないか？　とか、この会社に入った以上、プログラムの勉強しなけりゃダメじゃんという声が聞こえてくるようになりました。５年目くらいで行き詰ってしまって、いま思えば明らかに鬱状態に陥りました。」

会社の仕事が自分と合わず、辞めようと思いつつも、自分に自信がなく、会社に残ることにした田中さん。結局10年もいることになるわけですが、気分が沈む状態は一向によくなりませんでした。さすがにおかしいと思い、自分でいろいろ調べてみたら、どうやら鬱らしい、ということに気付いたと言います。

心の病気になる決定的要因は環境だと思います。この場合、最高の対処法は、その環境から離脱することです。要するに職場を辞める。おそらくどんな薬よりも効きます。しかし同時にそれは、たちまち生活が不安定になることでもあります。40歳を超えて再就職のあてはなかなかありません。多くの人はそこで辞めるに辞められず、がんじがらめになって、病気を悪化させるのです。

「同感です。鬱にとって、環境の要因はものすごく大きい。D社はほとんどプログラマーしかいない会社で、営業畑は僕しかいない状態だった。一番イヤだったのは話しかけられる距離なのに、メールで指摘や叱責《しっせき》が飛んでくるんです。社員の多くが、集中してプログラムのコードを書いているので、そういう会社ではそれが普通のことなのですが、営業畑出身の僕には馴染めなかった。」

鬱状態の中で、なんとか自分の居場所を会社の中で作ろうと、田中さんは新しい企画に取り掛かりました。絵が描けない人でもマンガを一から制作できるマンガ制作支援ソフトの製作です。マンガ制作のソフトなので、自分の経験を最大限に活かせると田中さんは思ったのです。周囲からは新しい企画に熱中して取り組んでいるように映ったかもしれませんが、内実は「会社に居場所がなくなる！」という焦《あせ》りの中にいた、と田中さんは言います。

最初、田中さんは企画書で会社に提出するのではなく、いきなり動作するソフトの形でプレゼンしようと考えました。前例のないソフトだったからです。社外にいた友人のプログラマーに仕様を伝え、試作版を製作しました。試作版の製作費は、全額自分の貯金をはたいたと言います。

一応動作するソフトを作ってから、社長に開発の了承を得ました。ところが、本番の開発を依頼した下請けの会社が本当にひどかったそうです。請け負う段階ではできますと言っていたのに、いざ始まってみると、さほど難しくないことでもあいう理由でできない、こういう理由でできないと言い出すようになりました。

結局、最後は社内の優秀な人に引き取ってもらって、ほぼゼロから作り直す形になったそうです。コストも倍くらいかかってしまい、社内の評価も厳しいものでした。

「窓際に座らされ、仕事も振られない。辞めてくれと会社に言われているような状況でした。でも当時は鬱もあってか、とにかく転職してもうまくいくはずないと思い込んでいました。とうとう〝あと半年で辞めてくれないか〟と社長に言われることに。」

田中さんはA社の頃にはなんの問題もなく仕事もできた、優秀な営業マンでした。ダメ社員の烙印《らくいん》を押されるのには納得がいきませんでした。そこで転職を決意し、E社に勤めていた友人に、なんでも良いから仕事ができないかと持ち掛けました。

E社では電子書籍でマンガ雑誌を作ろうという話がちょうどあったそうです。E社には営業系の人が多く、陽気な雰囲気。田中さんは、昔A社で働いていたときを思い出すようで、自分はこういう職場が向いているのだと改めて気づいたと言います。ちなみに田中さんがD社で企画したマンガ制作支援ソフトは、根強いファンがつき、いまでは海外版も製作されるほどの人気を呼んでいます。

鬱トンネルからの脱出。

「カウンセリングに通いはじめたのは遅かったです。D社にもういられないと通告されたとき、ようやく通いはじめました。そこで1冊の本に出会ったんですよ。自分が鬱になってしまった精神科医の方の手記なのですが、これが本当によくわかったし、対処法も効いた。そ

れのおかげでD社にしがみつく必要はないんだと思えましたし、転職もできました。
次のE社も、移った最初はうまくいきました。電子書籍の販売会社なのですが、長年のマンガ家人脈があったので、いろんな作家さんに参加してもらって、キャンペーンを成功させることができました。でも月日が経つと、また僕の企画がことごとく突き返されるようになったんです。」

田中さんの脳裏《のうり》に嫌な思い出が蘇りました。B社・C社・D社で受けた自分に対する冷たい仕打ちが、再び起きてきたように思えたからです。最初のA社はうまくいったのに、それ以降に転職した会社では、なぜ似たような白い目で自分は見られるのだろう？　そう思って、友人に相談しました。

その友人は、次のような意見をくれました。「それは当たり前だよ。**マンガ家をやりながら会社員をしている人を同僚がどう見ているか、君はわかっていないの？**『ケーキ屋ケンちゃん』の主役の子が学校に転校してきたとき、女の子は〝スゴーい！〟ってなるけど、周りの男の子はおもしろくねえなぁと思うでしょう」と。

E社での仕事は電子マンガ雑誌を作ることでした。その仕事では、田中さんのマンガ家コネクションを存分に使うことができたのです。編集者がマンガ家に声をかけることと、マンガ家が同業者に声をかけることでは意味が違います。田中さんはベテラン作家であり、マンガ業界では一目置かれる存在でした。

「僕のマンガ家としてのコネクションが最初E社では役に立ったわけですが、それは僕にしかできないことだったので、周りの上司や同僚はおもしろくなかったのかもしれないと思います。次の仕事から、とたんに企画への対応が厳しくなった。僕はようやく〝人間は嫉妬《しっと》する生きもの〟なんだと気がついたんです。」

２０１４年、田中さんがE社に居心地の悪さを感じはじめた、まさにそのタイミングで、京都精華大学をノイローゼ状態で辞めようと考えていた私が、彼に教師のお誘いをかけたのでした。マンガ家とサラリーマンの兼業を30年もこなしてきた田中さんは事務仕事が多い大学教員にピッタリだと思いましたし、マンガ家としても名前が知られ、人柄がよく話し上手で、教職に向いていると思ったからです。

ちょうど1年間、私の授業を田中さんと共同担当することで、発狂寸前だった私も助けられましたし、前の職場を辞めるつもりだった田中さんにとっても、渡りに船でした。大学のマンガ学部にはマンガ家さんしかいないから、いままでの「嫉妬」みたいなものは生まれようがない、という思いもありました。

ギャップの作家・田中圭一。

ここまで「会社員」としての田中圭一さんの歩みを伺《うかが》ってきました。ここからは世間の「田中圭一」イメージを担っている、マンガ家としての歩みを伺っていきたいと思います。

ふつう、平日は会社員、休日はマンガ家という生活が両立するとは思われていません。サラリーマンにもマンガ家にも辛いことはありますが、「辛さの種類」は別かもしれません。サラリーマンには「職場での人間関係の辛さ」があり、これはマンガ家にはありません。一方、マンガ家としての辛かった経験はなかったのでしょうか。

「マンガ家として壁にぶつかったことも、もちろんありました。デビューが1984年、初

連載の『ドクター秩父山』が86年にはじまって、10年くらい劇画調の画をずっと描いていたんです。」

マンガ界には、10年から20年周期で画風の流行りすたりがあります。1970年代は『ゴルゴ13』など、強弱のある太い描線でリアルな人物を描く劇画絵の全盛期でしたが、1980年代にはいると、細い描線で少女マンガのように目がぱっちりした少女を描くような、いわゆる「萌え絵」の時代に移っていきました。硬派な劇画から萌え絵の時代の過渡期に田中さんはデビューしたのですが、その時期すでにアナクロになっていた劇画絵で、過激なギャグを描くことで自分の個性を確立したのです。しかし10年同じ路線を続けて、読者の「飽き」に見舞われたのでした。

「1994〜1995年に短期の連載を持ったんですが、人気がなくて。担当編集者から〝編集長があなたの絵柄が好きではない、と言うんです〟と言われたことがあって。僕の絵柄は飽きられてる、というより、イヤな絵だと気付いたんです。

なんとか絵柄を変えよう！　と思って試行錯誤をしました。当時の妻が手塚治虫の大ファ

ンだったのですが、死後から10年経って、手塚風の絵柄が逆に新しいという状況になっていた。そこで手塚風の画でギャグを書いてみることにしたんです。」

某誌で実験的に「手塚調ギャグ」を描いてみたところ、これが大好評。しかしそこの編集長は田中さんの担当編集者を通じて「田中さんにこの絵柄で描かせるな」と要望を伝えてきました。その編集長は、田中さんが巨匠を侮辱していると感じたのかもしれません。

しかし絵柄とネタのギャップが大きいほど、笑いの強度は強くなります。そしてマンガ家・田中圭一は「ギャップの作家」だということができます。マンガ家が自分の絵柄を変更するのは大変なことですが、本宮ひろ志のような劇画絵や、手塚治虫のような誰もが知っている巨匠の絵柄で、元の作者なら絶対に描かないような「下らない」ギャグを田中さんは描いたのです。そこに生まれる強烈なギャップ・意外性が、ギャグ作家としての田中圭一の特徴であると言えます。

「僕は手塚調に可能性をすごく感じていたので、できればもう少し、このタッチで描きたかった。最初はお色気雑誌で4ページくらいの連載として展開をして、その後『COMIC

QUE』からお声が掛かりました。手塚にオマージュを捧げるトリビュート特集号でした。」

1980年代はパロディの時代でした。ありとあらゆる巨匠や有名作家がおちょくられ、パロディにされましたが、なぜか手塚治虫だけは誰一人、パロディにはしていなかったのです。巨匠すぎて恐れ多いこともあったのでしょうが、手塚自身、実はパロディが好きで、シリアスな作品中にもギャグやパロディの要素を入れる作家だったので、ギャグにし辛かったのかもしれません。

田中さんの手塚パロディはマンガ界の「盲点」を突いたと言えます。第一に田中さんの手塚絵はオリジナルにそっくりなのです。しかし単純な模写ではありません。何度も練習して、元ネタのない、しかし手塚治虫が描いたとしか思えない絵を田中さんは描いたのです。

田中さんは、この絵柄を使って巨匠なら絶対に描かないであろう、猛烈に下らないギャグマンガを描いたのでした。これはマンガ界の話題をさらい、田中さんは、再びマンガ家としての第一線に返り咲きました。

「当時、僕が新しく雇ったアシスタントは『ドクター秩父山』を知らない世代で、『神罰』

（2002年、イースト・プレス）から僕を知ったらしく、手塚先生の最後のアシスタントが手塚先生の偉大さも分からずちゃらんぽらんなマンガを描いているに違いないと思ったそうですよ（笑）。これは新人的なスポットライトをまた浴びられたということだとも思います。とにかく、手塚調の成功のおかげであと10年はマンガ家としても食べていけるな、とほっとしました。」

ふつうギャグ作家の寿命は5年、長くて10年だと言われます。ギャグマンガ家は、ひとつしかない鰹節《かつおぶし》をひたすら削っているようなものだと言った評論家もいました。寿命が来たらそこでおしまいということです。

田中さんは画風を変えることで、ギャグマンガ家としての寿命を延ばすことに成功しました。これをサラリーマンと並行して続けたのです。

営業力をマンガに活かす。

このインタビュー時、田中さんは自身の鬱体験をマンガにした『うつヌケ』（図9）を『文芸カドカワ』で連載していました。同時に、まったく同じマンガを『ｎｏｔｅ』というネットサービスでも有料公開していたのです（『うつヌケ』は現在ベストセラーになっていることは前述の通り）。

会社も違うふたつのメディアで、まったく同じ連載をすることは、以前なら考えられないやり方ですが、これは田中さんの、電子出版時代の生き残り方なのです。

図9
田中圭一著
『うつヌケ
うつトンネルを抜けた人たち』
2017年、
KADOKAWA

「『うつヌケ』は、最初は『文芸カドカワ』で連載というお話だったのですが、WEB連載ということでギャラが低かったんです。これではアシスタントが使えない、厳しいなと思っていたときに、CAKES（現ピースオブケイク）の加藤貞顕さんから、CAKES

が主催している『ｎｏｔｅ』でも連載できるようであれば、足りない金額を補填《ほてん》しますと言われました。そんな経緯で、文芸カドカワとｎｏｔｅで同時展開をすることになりました。原稿料も、ページ換算すると1Pページあたり1万5千円を超えている状態になりました。この連載はあえてWEB用にカラー版を作り、単行本化して紙になったときのためにモノクロ版を並行して制作しています。」

田中さんのマンガ家としてユニークなところは、電子書籍時代への過渡期にあって、自分の仕事のやり方を柔軟に変化させているところです。もう昔のように、作家は出版社におんぶに抱っこの時代ではありません。

『文芸カドカワ』と『ｎｏｔｅ』での同時連載も、プロデュースは田中さん自身。電子雑誌である『文芸カドカワ』では原稿料をもらっていますが、紙の雑誌より原稿料が低いので、アシスタントを雇うと赤字になってしまいます。そこで他社が経営する『ｎｏｔｅ』でも同じ作品を連載をする。『ｎｏｔｅ』はイラスト・マンガ・小説などをユーザーが自由に発表できるＳＮＳで、自分で作品に値段をつけて販売することもできます。この合わせ技で、通常のマンガ雑誌に引けをとらない原稿料を得たのでした。

また田中さんは同人誌も制作して販売しています。これは、著者が自分で小さな出版社を経営するようなものだと言います。私がかつてブログに書いた「町のパン屋さんのような出版社」（第4章参照）がヒントになった、と言ってくれました。

「自分の表現の幅を広げるために、WEBで松本零士パロディをやっていたんですが、これを生まれて初めて同人誌として出版したら、3000部売れました。あのときちょうど『宇宙戦艦ヤマト2199』というアニメが始まっていました。その作品のキャラデザインは松本零士さんではなかった。でも僕らの世代は、ヤマトといえば松本零士ではありませんか。じゃあ松本タッチで描いてみよう！　ということでやったんですね。それで同人誌専門店のコミックとらのあなで販売したら、70パーセントの印税が入ってきた。このとき竹熊さんの〝町のパン屋さん〟みたいな出版社の意味が体感できたんです。」

以前、田中さんが小飼弾さんと対談したとき、「3000人ファンがいれば食っていける」と言っていたそうです。これがまさにそうだと思った、と田中さんは言います。その3000人を減らさないように、少しでも増やしていけるようにと意識しつつ、仕事をしているのだと。

3000人の固定ファンができたとき、そこから大きくしていくために新しいことをはじめるのか、固定客を維持するように作風を守るか、は判断が分かれる点です。

マンガ家のようなフリーランスであっても、コスト感覚は大事だと田中さんは言います。


「いま、話題になっているネットマンガってアシスタントがついている作品は、ほとんどないですよね。雑誌のマンガだとロケハンして写真を用意して、アシスタントも使って…ってやっていましたが、WEB時代にそれではやっていけません。」

マンガ家にとってのWEBの可能性。

田中さんは新連載をはじめるとき、自分でネットの情報サイトにプレスリリースを出しています。宣伝も自分でやるのです。フェイスブックやツイッターも使います。

「『うつヌケ』を宣伝したときは、〝#心療内科〟のようなハッシュタグをつけたりもしました。僕を知らない人にも見て頂けるように。いろんな方法を試すのはおもしろいですよ。」

田中さんによれば、ツイッターよりフェイスブックの方が「町のパン屋さん」に近い気がするそうです。フェイスブックは相手の顔が見えるので、身近な固定ファンにちゃんと届く感覚があるのだと。一方、ツイッターは個人が使うマスメディアに近い。

「いまではWEBマンガのおかげで、WOWOWとか総務省とか、まったく関わりのないところから仕事を頂けるようになっているんですよ。」

と田中さんは笑いました。

（2015年6月・都内某所にて）

第6章

『電脳マヴォ』と私の未来。

『電脳マヴォ』ことはじめ。

私が『電脳マヴォ』というマンガ掲載サイトをはじめた話をしたいと思います。私が多摩美術大学で漫画文化論というマンガの授業をはじめたのが2003年春のことです。最初の年は、多摩美ではじめてのマンガについての授業だということで、750人も受講生が集まりました。課題でレポートを出しても採点しきれないので、マンガを描いて提出しろ、としました。マンガなら、文章によるレポートよりも、はるかに早く採点できるからです。

そうしたら初年度に水野清香さんの『家族喧嘩』(次ページ、図10)など、あまりにも優秀な作品を描く学生が見つかったので、これを世間に紹介しない手はないと思ったのです。『家族喧嘩』はいまでも『電脳マヴォ』に掲載されており、6年以上も人気ランキング上位を維持しています。

水野さんがこの作品を描いたのはまだ大学1年生で、18歳のとき。すべて紙によるアナログ原稿で、ペン使いも背景も、トーンワークまで含めて完璧にプロレベルの原稿を仕上げていました。多摩美術大学は武蔵野美術大学と並び称される、一般大学では早慶に相当する私立美大のトップ校です。このクラスの大学になると、レベルが高い学生がいるものだな、と感心しました。

それからも毎年のように優秀な学生を見つけるわけです。**しかし、そうした学生がかならずしもマンガ家志望者とは限らない。**水野さんは、私は天才ではないかと思ったのですが、マンガ家にはならず、ゲーム会社に就職しました（現在は、おうひと佐也可という名前でイラストレーターになっています）。

その頃から**だんだん日本は不景気になってきて、マンガを描いている学生も、これは趣味だと割り切って、一般企業への就職をまず考えるという人が増えていたのです。**もちろん作家になった人もいますが、いま思い返しても、あれだけ才能ある人がプロマンガ家にならないなんてマンガ業界の損失だ、と思える学生が何人もいました。それで、とにかく世の中に紹介しない手はない、と思ったわけです。

図10
水野清香著
『家族喧嘩』
2003年、
電脳マヴォ

じつは2003年の時点で、すでに私は学生・アマチュア作品を紹介するインターネット・サイトを作ろうと考えていました。しかし2003年はツイッターもユーチューブも始まっていない頃で、ネットでマンガメディアを作るには少しハードルが高かったのです。私はプログラムが書けないし、プログラマーの知り合いもいません。なにより資本がありませんでした。

　そこで紙の同人誌で良いから、発表の場を作ろうと思いました。とりあえず紙で作ってみて、私のキャリアのスタートである、編集者としての勘を取り戻そうと考えたわけです。

図11
『コミック・マヴォ』
Vol.1、
2008年

　２００８年の年末、『コミック・マヴォ』（図11）を創刊しました。同人誌ならパック料金で作れるので、私費でも予算が組みやすかったのです。すでにある作品を掲載するので、原稿料は勘弁していただきました。

　『コミック・マヴォ』創刊号は、デザインを山下さとし君という多摩美の大学院生に頼みました。彼は現在、優秀なデザイナーになっています。私は彼が作ったＭＡＶＯのロゴが気に入っています。表紙はイラストレーター（現在はマンガ家）の丸山薫さん。当時から知る人ぞ知る実力派でした。こうして、２００８年大晦日のコミケに出品しました。ほとんど２０

09年だから、表紙にはWINTER2009と打っています。

実際に編集者としてやってみて、かなり完成度の高い雑誌ができた、と思いました。創刊号には多摩美の学生、それから一部、武蔵野美術大学の学生作品が入っています。武蔵美の学生作品を入れることができたのは、私の多摩美での授業が美大生の間で評判になり、**都内の美術大学、武蔵野美術大学や東京造形大学、東京藝術大学などから、マンガを描いている学生が潜《もぐ》って聴講するようになっていた**からです。授業終了後、そうした潜りの学生からも「私の作品を見てください」と声をかけられるようになり、そこで私は、他校のハイレベルな学生作家とも知り合うことができました。

期せずして**私は、マンガ編集者として、とても恵まれた場所に立っているという自覚を得ました。**出版社の編集者でもないのに、レベルが高い学生作家と知り合う環境に身を置いていたからです。

私の若い頃、1980年代の初頭に、ニューウェーブと呼ばれる新感覚派の作家・大友克洋や高野文子などが続々とデビューまたは話題になり、マンガ界に旋風《せんぷう》が吹き荒れたことがありました。彼らがおもに執筆していたのは少部数のマイナー雑誌でしたが、いずれも熱心なマンガファン向けの雑誌で、大友克洋などは、そこからメジャー誌へと進出を図ることができたのです。新しい作家《ニューウェーブ》が次々と出た、熱気のあった30数年前と変わらないくらいレベルが高い才能は、2000年代に入ってからも、いたのです。

才能は、常にうもれている。

しかし30年の間にマンガ界は変質し、「売れ線」の作品が確立して、商業主義の尺度からはみ出るような新しい才能は、敬遠され、雑誌の方針に作家の側が合わせない限り、デビューできない時代になっていました。そうして埋もれた才能は、プロ作家をなかば断念して、同人誌や、完全に趣味の世界に引きこもって描いていました。でもそういう作家でも、作品が完成すれば、人に読んでもらいたい欲はあります。

ようするに問題は「発表の場《メディア》」がなかったことなのです。彼らの中には、出版社に作品を持ち込んだ人もいます。しかし、商業媒体では自分が描きたい作品は描けないと見切りをつけ、生活の道は別に見つけて、ネットや同人誌で作品を発表する道を選ぶ人も多かったのです。

こういった才能には、まず商業編集者は気がつきません。商業雑誌の編集者は、長い間、殿様《とのさま》商売でやってきた経緯があって、もともと編集部にデンと座って、新人が向こうからやって来るのを待っていました。だからどんなに才能があろうと、投稿も持ち込みもしない才能には気づくことができないわけです。

でも、ちょっと足を使えば、たとえば同人誌即売会をこまめに回る努力をすれば良いわけです。即売会だけではなく、ネットにピクシブというマンガ・イラスト投稿サイトの老舗《しにせ》があるのですが、ここには日々、膨大な数の「趣味の作品」が投稿されています。ピクシブには人気ランキングが用意されているのですけど、投稿作品数があまりにも多いので、みな、ランキング上位の作品を読むのがせいぜいです。ここから商業デビューする人も多いのですが、私は、**ランキング圏外に「オリジナルな才能」が眠っている**と考えています。

ピクシブのランキングに載る人達というのは、ある種の傾向が強い。それを「売れ線」と呼んでも良いのですが、それはアニメ的な萌え系というか、オタク系というか、そうした現在流行の作品傾向の中で、技術的にうまい人がトップに来るわけです。そこには入らない、しかし才能のある人は、ランキングの圏外にいるわけですよ。そこに**「未来の売れ線」**は埋もれていると、私は確信しているのですけど。

「自分メディア」はフリーの究極の夢。

自分がオーナーになり、自分が編集する「自分メディア」を持ちたいという夢は、私がフリーとして出版の仕事をはじめる前から、一貫して持ち続けていました。フリーランスは通常、既成の出版社から認められて、取引をしなければ生活ができません。いわゆる**「業界人になる」とは、ある分野の業界の中でプロとして仕事が認められるということ**です。

業界とは、その分野の仕事における利益の分配システムであり、業界人にならなければ、システムの恩恵にあずかれません。社員・フリーを問わず、「業界人になる」ことが「プロになる」ことと、ほぼ同義です。プロは尊敬されたり、プロであることに誇りを抱く人が多いものですが、それは業界から「選ばれた人間」だからです。

しかし私は、インターネットに触れたことによって、はじめて既成の業界の外側に「マイ業界」が作れるのではないか？　という可能性に目覚めたのでした。

もともと私は出版社で仕事をしていても、長い間、違和感をぬぐい去ることができませんでした。「他人の軒先を借りて商売している」意識が、終始、まとわりついていたからです。

ですから私はフリーの身にもかかわらず、「営業」をしたことがほとんどありません。

フリーランスの最大の営業は、仕事そのものです。版元編集者は、そのフリーが実際に行った仕事を見て、次の仕事を発注するのです。向こうから来る仕事であれば、意に沿わない仕事は、断ることもできます。持ち込みだと、まさかこちらから断るわけにはいきません。

私には「良い仕事」ができる条件があって、それは**「自分の企画で、最後まで好きに仕事ができる」**ことです。これは編集長との信頼関係があることが前提条件になります。そのうえで、「内容は、竹熊の好きにして良い」と言われるなら、私は、最大のパフォーマンスを発揮できるのです。

相原コージくんとやった『サルまん』は、商業誌の仕事としては、ほとんど「お任せ」でしたし、編集部は、最後まで私たちが好きに仕事できるよう、バックアップをしてくれました。

図12
竹熊健太郎原作、羽生生純作画
『ファミ通のアレ（仮題）』1巻、
1994年、
アスキー

『ファミ通』で羽生生純くんと組んで『ファミ通のアレ（仮題）』（図12）という変なマンガを１９９３年から１９９５年まで連載したときも、内容は私に「お任せ」でした。

『ＱＵＩＣＫ　ＪＡＰＡＮ』という雑誌で『箆棒《ベラボー》

図13　竹熊健太郎著
『篦棒な人々
戦後サブカルチャー偉人伝』
1998年、
太田出版

図14　竹熊健太郎著
『庵野秀明
パラノ・エヴァンゲリオン』
1997年、
太田出版

な人々』（図13）というインタビュー企画を連載したときも、インタビューイの人選から、ページ構成、図版の選択まで、１００パーセント、私に任せてくれました。

やはり『ＱＵＩＣＫ　ＪＡＰＡＮ』で行った、エヴァンゲリオンの庵野秀明監督インタビューのときも、インタビュー構成のみならず、レイアウトのラフまで私がやりました（図14）。レイアウトのラフを切るのは、ふつうは編集者の仕事です。編集長の赤田祐一氏が私を信頼し、いっさい口を出さず、任せてくれたからできたのです。

以上あげた本は、すべて私が30代のときの仕事ですが、いまでも私の代表作になっています。

こういう仕事ができただけで、私は幸せだったといえます。こんな「自由な仕事」、めったにできるものではありません。私は先に「編集部の注文を受けて、締め切りを守り、平均点以上の仕事をするのがプロの仕事だ」と書きましたが、いまあげた私の仕事に関しては、編集者が自由に任せてくれ、平均点をはるかに超えた、百点の仕事ができたと自負していま す。その結果、何十年経っても、私の代表作になっているのです。

つまり、**私自身は、私の定義に従うなら「アマチュアの仕事」ができたときに、人生で最高の仕事ができていることになります。**我ながら矛盾したことを書いているようですが、これも真実です。

プロとは「その仕事で生活ができること」。

一般に、アマチュアでは及びもつかないほどレベルの高い仕事ができるのがプロ、という認識が通常ではないかと思います。この定義に当てはまるプロも、もちろん多いのですが、厳密には間違っています。

なぜなら私は、ふつうのプロよりもはるかに才能があり、レベルが高い作品が作れるアマチュアが存在することを、知っているからです。そもそも『電脳マヴォ』を創刊した動機も、なまじなプロよりレベルが高い作品を描くアマチュア作家を、多数、この目で見たからでした。

ですから、**私にとってのプロの定義は「その仕事で生活ができること」**だけであって、作品レベルの高低は、あまり関係がありません。もちろん、作る作品が中学生レベルだったら、プロになれないのは当然です。しかし、私から見て「技術的には上手だが、なにがおもしろいのかさっぱりわからない作品を描くプロ作家」がそれなりの数、いることは確かなのです。**どうしてそういう「プロ作家」に仕事が来るのかというと、多くの場合「編集者の注文通りの作品が描け、同時に、かならず締め切りを守る」から**なのです。

私は、そういうプロ作家のことを、もちろん本人の前で口には出しませんが、**「作家としては凡庸《ぼんよう》、プロの才能は百点満点」**と考えています。**作家の才能と、プロの才能は、基本的には別もの**なのです。

そういう次第で、プロアマにこだわらず、「作家本位・作品本位」を編集方針にして『電脳マヴォ』を作ってきたのですが、反省点もあります。先にも書いたとおり、電脳マヴォには、非常にレベルの高いマンガを描くが、デビューするつもりが希薄で、投稿も持ち込みもしない人が多く含まれています。**「才能があるのに投稿も持ち込みもしない人」の中には、あまりにも作家性が強すぎ、商業的な仕事ができない人が、一定数含まれています。**

そういう人は編集者が不要で、1人でマンガが描きたい人なのです。しかし、マンガはマンガ家が作るものであるのと同様に、雑誌は編集者が作るものです。そして作家がいなければ編集者は雑誌が作れないのと同様、作家もまた、編集者とつき合うことができなかったら、自作を発表することができません。

逆に言うなら、だから商業誌は不振を極めているのに、同人誌即売会は活況を呈しているのだと思います。同人誌と商業誌は、いまや完全に世界がわかれていて、同人誌で人気がある作家で、商業誌に描きたがらない人もいます。なぜなら、同人誌では自由に描けますし、**トップの同人誌作家になると、商業誌で描くより儲かるから**です。

そういう次第で、昔とは異なり、業界に優秀な新人作家が集まらなくなっている現在、編集者の仕事は大きく変質しています。昔のように新人賞や持ち込み作家から才能を見つけるだけでなく、こちらから積極的に**同人誌即売会やネットを見て、才能を発掘し、「マンガ家になる気はありませんか。うちでデビューしてみませんか」と口説かなければ、良い作家が獲得できなくなっているのです。**相撲部屋の親方が、地方巡業の合間に高校や大学の相撲部を回って、見込みのある学生力士をスカウトするようなものです。

「浅井ビュワー」を獲得。

雑誌『コミック・マヴォ』は、2008年の暮れから2010年の夏までに、5冊出しました。その頃私は籍を置いていた大学のボーナスを、ほとんど『コミック・マヴォ』の印刷代に使っていました。

転機が訪れたのは、同じ大学で講師をやっていたプログラマーの浅井康氏と知り合ったことでした。彼に「本当はインターネット雑誌としてやりたいのですが、ネットにあるコミック・ビュワーは、重かったり余計な操作が必要だったり、画面に余計な飾りがついていたりで見づらいものばかりです。どこかに良いビュワーはありませんか

図15
マンが掲載サイト
『電脳マヴォ』
2012年〜

ね？」と相談したところ、浅井氏自身がプログラムを書き、作ってくれたのです。

浅井ビュワーは動作が軽快、縦スクロールにも、ふつうのページ開きにも対応できる優れものでした。余計な飾りがなく、画面を大きく見ることができるのも魅力でした。こうしたプログラムは、業者に仕事として発注すると、2～300万円はかかります。それを浅井氏は無料で作ってくれたのです。浅井ビュワーができたおかげで、長年の夢だったネットマンガ雑誌の実現性が急速にでてきました。

かくして、2012年の1月24日、インターネットマンガ雑誌『電脳マヴォ』（図15）はスタートしました。すでに紙の『コミック・マヴォ』を5冊つくってあったので、ここから作品を2～3日に1本更新するだけで、半年は更新を続けられる目処が立ちました。それ以降は学生作品、同人誌やネットからめぼしい作家にお願いして作品をマヴォに掲載していただく作業です。投稿も、半年後あたりからボチボチ集まるようになってきました。

初期のネットマンガ事情。

『電脳マヴォ』を創刊した２０１２年は、奇《く》しくも「ネットマンガ元年」ともいうべき時期でした。小学館がネットで『裏サンデー』（現・マンガワン）を創刊したのが２０１２年４月、集英社が『となりのヤングジャンプ』を創刊したのが同年６月、これ以外にも大手マンガ版元によるＷＥＢマガジンがその年のうちに出そろいました。

続いて２０１３年にはNHN PlayArtがコミックアプリの『ｃｏｍｉｃｏ』を、ＤｅＮＡが『マンガボックス』を創刊します。ＮＨＮやＤｅＮＡは出版社ではなく、ＩＴ企業です。

これ以外にも、マンガ家の赤松健氏が『Ｊコミ』（現・マンガ図書館Ｚ）を２０１１年に、佐藤秀峰氏が『マンガ　ｏｎ　ＷＥＢ』を２０１２年にスタートさせています。これらは作家の立場から設立されたマンガ掲載サイトです。『電脳マヴォ』も、強いて言うならこの範疇《はんちゅう》に入るでしょうか。

いずれも２０１１年から２０１３年にかけて、マンガを掲載するインターネットサイトが出そろったことになります。

それ以前から携帯電話でマンガを購読する「ケータイコミック」はありましたが、それらはすでに紙で出ていたマンガ作品の権利を借りて、携帯で細切れに販売するモデルで、２０１１年以降に出現した出版社系・ＩＴ系・作家系のマンガ発信サイトとは性質が違います。２０１１年以降のそれらサイトやアプリは、ＰＣやスマホで「新作マンガ」を連載し、広告収入だけではなく紙の単行本を出版して利益を得るモデルで、それ以前の**紙媒体でのマンガ連載をネットで代行**しようとするものです。それだけ、既成の媒体によるマンガビジネスが行き詰まって来ている、ということなのだと思います。紙というだけで出版コストが電子の何倍もかかりますから。もちろん出版社は紙単行本のビジネスは捨てられないので、ようは、紙雑誌の赤字を補塡しようという思惑《おもわく》です。

いずれにしても、日本のマンガ市場は、旧来の出版社の独占的支配から離れつつあるのが現状です。ＩＴ資本、海外資本が日本のマンガ市場を狙って、さかんに動いているわけです。

そんな中で、アマチュア・セミプロ作家を中心にした『電脳マヴォ』は、もともとは私のポケットマネーで運用を開始した、吹けば飛ぶようなサイトですが、これを書いている現在は6年目に突入し、「意外に続いているな」と思われているのではないでしょうか。**利益こそ出ていませんが、超低コストで運営できているところが持続している秘密**で、それ以外にはありません。

もちろん、現在電脳マヴォは法人にしていますので、利益を出す意欲は大いにあります。しかしそれは、従来のマンガ出版ビジネスとは、かなり違う形態になると思います。だいたいうちみたいな弱小が、資本があるところと正面から競争して、勝てるはずがありません（ちなみに2018年現在のマヴォのビジネスは、マヴォに掲載した作品を他社に配信するものから、他社向けに新作連載をマヴォが編集して配信するモデルに移行しつつあります）。

第7章

FROGMAN《フロッグマン》

アニメ界の革命児が直面した「30歳の壁」。

FROGMAN（フロッグマン）

CGクリエイター、声優、監督 / 株式会社ディー・エル・イー取締役。2006年に「秘密結社 鷹の爪」を地上波で発表した後、2007年には劇場公開。その後、テレビ・映画シリーズを次々と公開。独自の世界観とプロデュース手法が人気を呼び、有名原作のパロディ化によるリプロデュースにも従事。2017年秋、ハリウッド屈指のDCスーパーヒーローたちと鷹の爪団のコラボレーション映画「DCスーパーヒーローズvs鷹の爪団」を公開。その他、TBSラジオ2017秋ナイターゾーン番組「THE FROGMAN SHOW　A.I共存ラジオ　好奇心家族」のMCも務めている。

気がついたらフリーランスになっていた。

『秘密結社鷹の爪』で知られ、『天才バカヴォン』を監督した直後のアニメーション監督FROGMANさんにお話をうかがいました。

FROGMANさんは44歳（インタビュー当時）。20代は実写映画の世界で仕事をし、実写の映画監督を目指していました。しかし30歳を目前にして「壁」にぶち当たります。FROGMANさんの場合は40歳の壁ではなく、30歳の壁だったのです。

「映画業界にいる人って望んでフリーになっているわけではないんですよ。映画スタジオは1960年代から崩壊が始まっていて、僕が入った1980年代にはフリーで下積みをする以外には選択肢のない時代でした。制作会社が業務委託という形で、フリーに制作を依頼するという仕組みですね。

録音技師とか照明さんといった、現場の人を社員として雇用する余裕が業界になかったんです。だから監督を親方として、徒弟制度のように現場で修行を積むというものです。雇用契約はありません。僕は社会人になった頃は一応会社勤めだったんですが、1年経つとフリ

ーランスになっていた。ならざるを得なかったんです。フリーランスというものがなにかを理解する前から、すでに〝フリーランスだった〟んです（笑）。だから確定申告とか、保険とはなにかをわからないままフリーランスになったありさまです。リスクはフリーになってから気付きました。」

映画会社では、もともと監督・役者・スタッフの全員が映画会社の社員として雇われていました。戦後しばらくまで映画は「娯楽の王様」で、映画界の人間は我が世の春を謳歌《おうか》していたのです。１９５８年が映画観客動員数のピークで、約11億人。日本人全員、月に10回は映画館で映画を観ていたことになります。

それが１９５０年代末に出現したテレビによって、しだいに映画館から観客が遠のき、14年後の１９７２年には観客動員数は1億３０００万人に落ち込みます。なんと10分の1に減ってしまいました。需要が10分の1に落ち込むということは、普通は業界としての崩壊を意味します。

困った映画会社は、社員だった監督や役者・すべての現場スタッフを「独立」させました。独立といえば聞こえは良いですが、ようはリストラです。これにより、映画界はなんとか生き延びることができました。その結果、映画は原則としてフリーランスによって作られることとなったのです。


「僕が最初にやっていたのは制作部の仕事でした。監督が映画を撮るとき、その監督と仲が良い制作部の主任に話がきて、こちらに仕事が来る仕組みです。

　制作部がなにをするかというと弁当、車両の手配、ロケ地探し、トイレの確保とか、画面に映らない部分の段取りをするんです。画面に映る部分の段取りは、別に演出部がやります。

　僕は監督になりたかったから、演出部に行くべきだったんですが、騙《だま》されて制作部に入ったんです（笑）。日を重ねるにつれ仕事が増えて、演出部に行きたい気持ちがどこかに行ってしまいました。映画だけじゃなく、テレビの仕事、ＣＭ、Ｖシネとかいろいろやっていました。最後の方は助監督もやりました。」

30歳、島根県に移住して独立。

30歳の頃、ＦＲＯＧＭＡＮさんは映画の仕事で島根に行くことになりました。その地で現在の奥さんと出会ったのです。ＦＲＯＧＭＡＮさんは、東京の仕事を辞め、島根で奥さんと住むことにしました。30歳になり、映画の仕事に対する悩みが頂点に達していたこともあります。

ＦＲＯＧＭＡＮさんはスタッフとして働く若い映画人の多くがそうであるように、いずれは監督になりたかったのです。映画界で「作家」として扱われるのは、監督と脚本家だけです。しかし20代や30代で監督になることは非常に難しい時代になっていました。監督になれぬままフリーを続けていくことに、大きな不安を抱えていたのです。

「フリーランスとしての30代から40代前半って、一番脂《あぶら》がのっている時期で、できる仕事も増えてくるし、フットワークも軽い。ただ制作部の50代、60代の先輩をみていると、年にひとつかふたつくらいしか仕事がなく、アルバイトする人も多かったんです。監督の方が年下になってくると、仕事も振られにくくなるんですよね。」

ＦＲＯＧＭＡＮさんは東京での映画の仕事を辞めて、島根に引っ込んでしまいました。山の中に月３万円の家を借り、奥さんと住むことに。そこでなにをやろうとしたのでしょうか？　ＦＲＯＧＭＡＮさんは、当時普及しはじめたばかりのインターネットに目をつけていました。２０００年頃の話です。

「インターネットに動画を配信する仕事なら、島根にいたままでもできるのではないか？」

と考えたのです。ネット配信の動画ですから、単価は安いだろうと思われました。

「なので、その仕事を請け負うのは非常に小さい会社か、地方の会社になるだろうと予想したんですね。そこで僕は〝マイクロ・プロダクション〟ということを言って、島根に制作会社を立ち上げたんです。島根のテレビ局にも営業をかけたんですが、まったく話にならなかった。

いま振り返れば当然で、当時はインターネットがようやく普及しはじめた頃だったので、配信ビジネスもなければ、アフィリエイトも未整備でした。」

そんな彼が「これからはインターネットだ」と確信したきっかけは、なんだったのでしょうか。

「その頃、ピーター・バラカンさんの『CBSドキュメント』をみていたら、アメリカですでにどこかの荒野にスタジオを作って番組を制作し、配信しているITベンチャーがあったんです。それをみて、地方のランニング・コストが安い場所で、ネットを使って映像を世界中に配信する、というビジネスモデルが成り立つんじゃないかと思ったんですよ。」

2000年といえば、まだユーチューブもニコニコ動画もなかった時期。動画配信には早すぎた時代でした。貯金は底をつき、年収も60万円にまで落ち込むことに。山の中の借家の家賃も半年間滞納するはめになりました。その後、妻の妊娠が判明しました。出産費用に50万円かかるとわかり、絶体絶命のピンチに陥ります。

そこで彼は「個人アニメ制作」を思いついたのです。実写の場合、最低でも監督とカメラマン、役者など数人のスタッフが必要ですが、アニメなら1人でできなくもない、と考えたわけです。

ふつうアニメを作ろうと思う人は「絵」から入ります。絵が得意だから、絵を動かしたいからアニメを作ろうとするのです。しかしFROGMANさんは、絵は中学以来、ろくに描いたことがありませんでした。アニメマニアでもありません。それでもアニメを作ろうと考えたのはなぜなのでしょうか。

「仕事を1人で完結できるようにすれば、通常のアニメ制作より、はるかにコストが下げられるんじゃないかと思ったんです。そこでアニメをやろうと決めました。」

なんと「個人制作ならコストが安い」というのが、彼がアニメを作ろうとした最大の理由だったのです。ふつう、30分のテレビアニメを作ろうとすると予算が1300万くらいかかります。これの大部分が人件費です。数十~百人がかりで作るアニメを、たった1人で制作できるならば、予算は数十分の一、数百分の一に圧縮できます。

自分の「できること」のみで勝負する

はたして、そんなことが個人で可能なのでしょうか。

「当時、すでにFLASHアニメが2ちゃんねるで盛り上がっていたんです。1990年代末期頃から流行っていたから、2002年にFLASHをやりはじめた僕は後発組だと思いますが。『菅井君と家族石』（図16）がアニメ処女作で、2004年に作りました。子供が生まれることになって現金50万円が必要になり、一念発起して作ったんです（笑）。
映像制作のパートを1人でやろうと思ったら、消去法でアニメが残った感じです。脚本は書ける、絵もまあまあ描ける、声は出るから声優もぜんぶ1人でやる、よしアニメを作ろうと（笑）。」

図16
FROGMAN
『菅井君と家族石』
2004年

FROGMANさんがアニメを作りはじめた

２００４年は、ＰＣの性能が向上し、ＦＬＡＳＨとインターネットが普及して、個人制作のアニメーションをネットで広く発表する機運が盛り上がった、最初の時期にあたります。新海誠など、人気作家も出ていました。

ＦＲＯＧＭＡＮさんは、アニメーションの経験こそありませんでしたが、映像制作の経験はすでに10年あり、脚本が書けて、編集ができました。ＦＬＡＳＨは、簡単な絵でも動かすことができるソフトです。このソフトがなかったら、さすがのＦＲＯＧＭＡＮさんでもアニメを作ろうとは思わなかったでしょう。

ＦＲＯＧＭＡＮさんは最初から「コストを切り詰める」ことを徹底していました。ここが、ふつうのアニメ監督とは異なるところです。

『菅井君と家族石』は、個人制作した全10話のうち8話までをインターネットの自分のサイトで公開し、全話収録したＤＶＤを自主制作してネットで通販しましたが、そのおもしろさがネットユーザーの間で大評判になり、ＤＶＤは５０００枚が売れたと言います。これはものすごいことです。

『菅井くんと家族石』をＤＶＤにするとき、「制作費１００万円出します」という誘いがあったそうですが、彼は断ったというから驚きです。

「当時は年収60万円くらいだったけれど、断って正解でしたよ。」

コストをどこまで切り詰められるか。

ＦＲＯＧＭＡＮさんの成功の秘密はこの「徹底したコスト意識」にあります。同時に、最初から「出資者を募《つの》らない」姿勢を徹底していました。

通常のアニメ制作は高いコストをまかなうため、スポンサーを募って制作されます。当然、作者には権利の一部しか回らず、利益の多くはスポンサーがとっていきます。自分の作品なのに、発表も自分の自由にならなくなってしまうのです。映像業界の問題点を知り尽くしていたＦＲＯＧＭＡＮさんは、**超低コストで作品を作ることにより、「自作の権利をすべて自分で持つ」という、映像業者にとっての「夢」を実現**したのでした。

たった1人で制作したアニメがネット掲示板で評判になり、ＤＶＤが５０００枚売れたことは、彼に強い自信をもたらしました。

「ＤＶＤが売れたことも嬉しかったですが、広告のお話をいただいたんです。リクルートからアニメＣＭを作ってほしいという依頼が来ました。島根のよくわからない男の元に依頼してくるんですから、他にライバルがいなかったんですよ（笑）。

いまＦＬＡＳＨアニメはふつうのスタジオも取り入れる手法になりましたけど、当時は出てきたばかりでした。２００５年、ＪＡＷＡＣＯＮというＦＬＡＳＨアニメのコンベンションに参加して、いろんな企業さんからお声掛けいただいたんですが、ほとんどがＤＶＤにしたいというお誘いでした。しかし僕はあまり他社でＤＶＤにすることに興味がなかったんです。自分で売れば良い、と思っていましたから。

その中で僕の〝早くて安い〟という点を一番評価してくれたのが椎木《しいき》（ＤＬＥ社長）だったんです。そこでＤＬＥに参加しようと思いました。」

私がＦＲＯＧＭＡＮさんとはじめて会ったのもＪＡＷＡＣＯＮでした。これは２００５年の１回しか開催されなかったのですが、個人制作のアニメーション作家と映像会社、出資者を結びつける目的のユニークな映像見本市で、彼のほかにもいまではＮＨＫなどでも活躍するアニメーション作家・ラレコさんとプロデュース会社の出会いの場になりました。

ＤＬＥは元米国ソニーのライセンス部門長をしていた椎木隆太《しいきりゅうた》氏が創設した会社で、インドのアニメ会社にＣＭを発注するなど、低コストでユニークな仕事をしていました。その椎木氏のアンテナにＦＲＯＧＭＡＮさんの「安い・早い・おもしろい」アニメ作品がキャッチされたのです。

借金しないクリエイターほど強い者はない。

ＦＲＯＧＭＡＮさんが２００６年にＤＬＥで最初に手がけた作品が、代表作『秘密結社鷹の爪』でした。いきなりのテレビシリーズ。テレビ朝日の深夜枠の放映権数千万円をＤＬＥが買い取って放映されましたが、制作費はその10分の1以下。おそらく歴史上、もっとも低予算のアニメ番組ではなかったかと思います。

制作当時、私はＤＬＥにときどき遊びに行って現場を見学させてもらいましたが、以下のような、驚くべき作り方をしていました。

①まずFROGMANさんが脚本を書く。

②PCにマイクをつなげ布団をかぶせて雑音を遮断、FROGMANさんが声を収録する（多くの声を彼1人でやる）。

③作品時間にあわせて音声を編集する。

④出来上がった音声にあらかじめ作画していたキャラクターの絵をはめて口だけ動かし、絵を完成させる（キャラクターの絵の多くは上半身のみ）。

最初の『秘密結社 鷹の爪』テレビシリーズの制作スタッフはFROGMANさんを含めてたった3人。FLASHは初めてという人もいました。

「僕が実写業界にいた頃からの問題意識として、日本のコンテンツビジネスはお金がかかりすぎる、というものがあったんです。アニメ1本作るのに数千万円、シリーズなら億のお金がかかります。そうなるとアニメスタジオは自腹で制作費を負担するのは無理なわけですよ。なので、製作委員会方式で代理店、出版社、テレビ局とかが集まって出資しようとなる。こうなるともうビジネスの要求が強くて、良い作品になりそうでもお金が集まらなかったら、撮る

ことはできないわけです。委員会がノーと言ったら、それでおしまい。
それなら作品を作るときにコストを下げて、誰からもお金を借りなければ、自分たちの好きなように作品を作れるんじゃないかという思いがありました。そこで得られるお金も、ヒットしたら自分たちに還元されるような仕組みにできないかと考えていたんです。」

よそからお金を借りる関係上、制作費だけうけとって、いくら作品がヒットしても、出資者が取りぶんをとってしまい、残るお金は雀の涙、ということがよくあります。アニメ・実写を問いません。

『秘密結社 鷹の爪』は、どこからもお金を借りなかったので、本当に自由に作れたと言います。そしてDLEがテレビ朝日の深夜放送枠を買って流したのです。いままでのアニメのビジネスモデルは、製作委員会を立ち上げて複数のスポンサーから資金を集め、放送枠を買って莫大な制作費をかけて作り、それをCMで告知して、DVDと関連商品で稼ぐ、というものでした。失敗したときのリスクが非常に高いわけです。

「2006年はユーチューブが出てきた時期。他のアニメ会社はユーチューブに勝手に映像

をあげられることを嫌がっていたのですが、スポンサーの縛りがない僕たちの作品は、率先して自分たちで流しました。

当時『秘密結社 鷹の爪』は関東と関西でしか流れておらず、全国でDVDを売るんだからと、ユーチューブで作品そのものを流して告知したのです。こういうことが気軽にできることが、スポンサーから一銭も出資を受けず作品を作るメリットです。作品の企画から制作まで、作家個人の考えを押し通すことができました。」

FROGMANさんの作るアニメは、一般的なアニメファンが支持する「萌えアニメ」とは違います。萌えとは異なる絵柄で、漫才のような、速射砲のようなテンポでギャグが繰り出されるのです。FROGMANさん自身、自分の作品を「アニメ落語」「アニメ漫才」と呼んでいます。彼のアニメは絵を見せるというより、会話のテンポと間、ボケとツッコミを楽しむ演芸のようなアニメなのです。

実写時代を含めると、FROGMANさんの映像キャリアは25年になります。アニメを作るときに実写の経験は役に立ったのでしょうか。

「立ちましたよ。僕のアニメってほぼ動かないじゃないですか。動かない絵って実写でいうと大根役者です。うまい役者は、舞台をみればわかるけど、全身で演技ができる。大根役者はあまり動かない。大根役者を撮るときは引いて撮ってはいけないんです。動いてないことがわからないようにアップの画で繋げていく。だから僕のアニメもアップばかり（笑）。」

自分で仕事の「ルール」が作れる強み。

FROGMANさんの成功の理由は、誰もやっていなかった種類の作品を作り、それを成功させて「ジャンルそのもの」を作ってしまったことです。ルールがない分野を創造し、ビジネスのルールを1から作ってしまったことです。

「いまになって思うんですが、僕がうまくいったのは、実写で働いていた頃は誰かのルールの下で働くフリーランスだったのに対し、FLASHアニメ以降は自分でビジネスモデルを作るフリーランスになったということなのでしょう。僕と同じ作り方は誰もしていないので、このやり方を取るかぎり、自分でルールを作ることができるのが大きかったと思います。
一番意識するのはコストです。ついお金をかけた演出をしようと思ってしまうんですが、少し工夫をすれば、お金をかけなくてもおもしろいものは作れます。昔、先輩に言われたのは〝実写で撮れない映像はあるかもしれないが、実写で表現できない感情はない〟と。だからFLASHアニメで表現できないものはない、と僕は信じています。小説は文字だけの表現ですが、村上春樹が三流のクリエイターか？　と言われれば、そんなことは絶対ないでしょう。」

FROGMANさんは、劇場版アニメも手がけています。こちらも頑固にFLASHをベースのツールにしています。テレビ版『鷹の爪』は、本当に1回分を1週間で制作していましたが、劇場作品にはどのくらいの時間をかけるのでしょうか。

「『天才バカヴォン』の場合、シナリオを書くのに3ヵ月かかりました。同時進行で、大切なシーンの画とかキャラクターの表情を描いています。作画は1ヵ月で終わります。あとの1ヵ月は音楽とか編集作業で埋まります。

僕は声を先に録《と》るプレスコというやり方なので、声を収録した段階で尺も決まってきます。だから作りながら編集をしているイメージですね。声を録音した後で大幅な編集の直しは発生しないです。絵を描いている人は僕を入れて6人。」

私がＦＲＯＧＭＡＮさんにはじめてお会いしたのは、彼がまだ無名だった時期ですが、作品を見て、あまりのおもしろさに、この人は絶対に成功すると思っていました。しかし、ここまでとは予想していませんでした。

彼が所属するＤＬＥは２０１４年、マザーズに上場し、さらに２０１６年には東証一部に昇格しました。２００５年にＦＲＯＧＭＡＮさんがＤＬＥと関わってから上場まで10年経っていません。

アニメをはじめてからの彼くらい短期間に成功した人を、私は知りません。成功の理由は、ネットの発達など、時期が良かったこともありますが、なんといっても**「作品がおもしろかったこと」「超低コストでのアニメ制作に成功したこと＝作品の権利を作者が独占できたこと」**に尽きるといえるでしょう。

そう考えると、ＦＲＯＧＭＡＮさんが一番壁を感じたのは、実写業界にいた頃だったかもしれません。

「そうですね。30歳の頃に、この業界（映画）にいるとすり潰されてしまうと悩んだときですね。アニメもそうだと思いますが、実写もスタッフは基本的に使い捨てなんです。あとクリエイターにお金が落ちていかない。今村昌平さんのような巨匠でも借家住まいだったり。

クリエイターはお金で悩んじゃいけないと思うんです。今月の家賃どうしようかな～と思っている人に、おもしろいものは書けないですよ。だから僕は良いものを作るために徹底的にお金にこだわろうと決めたんです。そして自分たちで（作品制作から発表までの）ルールを作る、ということです。

僕の好きなエピソードがひとつあって。赤塚不二夫さんが当時住んでいた目白の高級マンションを、タモリさんに譲り渡した話があるんですが、それは〝こんな都会的センスを持っているやつにみみっちい思いをさせたら、芸までつまらなくなる〟って言ったらしいんです。まったく同感で、クリエイターは良いものだけを見てお金に困る必要はない方が良いです。日比野克彦さんも〝ダサいものや、みみっちいものに触れるな〟とおっしゃっています。」

年収60万円の頃はつらかったですか？

「それがそうでもないんです。あの頃は日々自分が進化し、成長しているという自負がありましたから。だから楽しかったし、妻が励ましてくれたので、惨《みじ》めな気持ちになることもなかったです。僕には、ライバルがいないのも大きかったですね。だってリクルートが、島根在住の無名の僕にCMを依頼してくれたわけですから。」

FLASHアニメの良い部分は、完成したらすぐネットで発表して、すぐ観客の反応がわかるところだと彼は言いました。安く早く作って反応を得て、観客（ネット）の評判で作品を改善する。ある意味、古典落語が時代を経て研ぎ澄まされていくのと似ている部分もあると思います。

「たしかに実写業界でも、スタッフとして40歳を過ぎて監督が年下になってくると、扱いづらくなってくる。その上にフィルムからデジタルへ、という技術の変化という波があるから、異業種の人もどんどん参入してくる。だから実写業界に昔からいる人は、本当にいま大変で

すね。

僕はＦＬＡＳＨアニメに転身して、自分で制作のルール、発表のルールを作ることができ、ほとんどライバルがいない状態でスタートできたので本当にラッキーでした。」

（２０１５年６月・ＤＬＥにて）

第8章

都《つ》築《づき》響《きょう》一《いち》

還暦を迎えても奔放なフリー人生。

都築響一（つづき・きょうい ち）

1956年、東京生まれ。ポパイ、ブルータス誌の編集を経て、全102巻の現代美術全集『アート・ランダム』（京都書院）を刊行。以来現代美術、建築、写真、デザインなどの分野での執筆・編集活動を続けている。96年刊行の『ROADSIDE JAPAN 珍日本紀行』（アスペクト、のちちくま文庫）で、第23回木村伊兵衛賞を受賞。その他『珍世界紀行ヨーロッパ編』『夜露死苦現代詩』『珍日本超老伝』（ちくま文庫）など著書多数。最新刊は『圏外編集者』（朝日出版、2015年）。現在、個人で有料メールマガジン『ROADSIDERS' weekly』を毎週水曜日に配信中（http://www.roadsiders.com/）。

読者ハガキからフリーランスに。

某日、都心の真ん中、東京・麹町にある都築さんの事務所で、お話をうかがいました。

「出版業界との関わりは平凡出版（現マガジンハウス）からです。僕が上智大学に入った翌年（1976年）に『POPEYE』（図17）が創刊されました。その頃僕はスケートボードでよく遊んでいましたから、アメリカ発のカルチャー情報が載っていた『POPEYE』を、毎号読んでいました。」

1970年代のサブカルチャーを作ったといえる『POPEYE』は、毎号アメリカ西海岸のヤングカルチャー記事で埋め尽くされていました。この雑誌のユニークなところは、「活字」もビジュアルと考え、活字で埋め尽くされたビジュアル雑誌という新しいスタイルを築いてしまったところです。

都築さんが大学に入学した1975年は、日本のサブカルチャー史において重要な意味を持つ年です。学生運動が完全に失速し、代わりに荒井由実などの都市型ポップソングが台頭しました。パルコ出版から『ビックリハウス』が創刊されて、若者の街が新宿から渋谷と原宿に移り、若者のコミュニケーションツールとしての「パロディ」が流行した年でもありました。１９８０年以降の若者文化の基盤が作られた年だと言えるかも知れません。

「あるときハガキを『ＰＯＰＥＹＥ』編集部に送ったら、返事が来まして。編集部としても、いまの大学でなにが流行っているのか、知りたかったみたいです。それで遊びに行っているうち、バイトで雑誌編集を手伝うようになりました。当時はＦＡＸもない時代で、ライターの家まで原稿取りに行きました。あとはお茶汲みとか、そういったバイト。

僕は英文科だったこともあって、洋雑誌の翻訳も手伝いました。そのうち訳すより、自分で書いた方が早いと思ってライターになったんです。時給何円から、原稿料１枚何円の世界に移ったわけです。編集部に机をもらって、ずっと、編集手伝いとライターをやっていました。」

図17
雑誌『POPEYE』創刊号、
1976年、
マガジンハウス（平凡出版）

私は、本当の1970年代は、1974年から1976年のわずか3年間しかないという説を唱えています。どういうことかというと、1973年までは1960年代の政治的な熱気をたぶんに残していて、74年頃から急激にクールダウンが始まり、非政治的な、それまでの若者からすれば「しらけた」空気が時代を覆うようになったのです。

もちろん内実はしらけているのではなく、熱意の対象が政治や革命のような社会的な関心事から、音楽・ファッション・恋愛・マンガや映画・アニメなどの「個人的な興味」にシフトしただけなのです。政治的にはしらけていたかもしれませんが、個人の内面的には、むしろ「熱い」時代でした。

1977年以降は、テクノ・ポップや特撮映画・アニメのブームが起こるなど、1980年代のサブカルチャーが出揃って、感覚としてはもう1980年代が始まっていました。

大学にいると自分が腐ると思った。

「大学には僕、学生として5年いました。『POPEYE』の取材でアメリカに連れていってもらうようになり、それで当時あちらで読まれていた小説に詳しくなるわけですよ。ところが日本に帰ってきて、大学で現在の海外文学についてのレポートを書いても、教師にまったく通じない（笑）。

大学で教える〝海外現代文学〟って、ヘミングウェイ止まりなんです。死んだ世界ばかり教えている。それで大学で学ぶことの限界に気がつきました。大学にいると自分が腐ると思った。現実を追いかけるほうが、よほどおもしろい。

単位はほぼ足りていて、一応卒論も出しましたが、長い間、自分が卒業できていたかどうか、わかりませんでした。ずっとアメリカの取材に行っていましたから。ホントに最近まで、自分が卒業したかどうか、知らなかったんです。

でも、それで困ることなんてなにもなかったです。雑誌編集者に学歴は関係ない。当時の『POPEYE』編集部には中卒で暴れている人もいれば、東大卒の人だっていた。どこの学校出身かなんて、まったく関係ありませんでした。」

これは私も痛感するところです。フリーランスでいる限り、学歴は本当に関係がありません。おもしろい文章が書けるか、売れる文章が書けるか。それだけの勝負です。もちろん就職を考えるなら、学歴は影響があるでしょうが、**就職せず、フリーでやっていくと決めたなら、もう関係がないです。**むしろ学生時代に、いかに業界と縁を作るかが勝負です。これは就活ではありません。学生のまま、フリー業界人になってしまうのです。賞に応募するのも良いし、業界人の知り合いを作ったり、アルバイトで潜り込む手段もあります。とにかく潜り込んで、現場で自分の実力を認めさせてしまえば良いのです。そうなったら仕事は勝手についてきます。

正社員の誘いを断る。

「これまでいろいろな出版社で仕事をしましたけど、出版社がダメになるときっていろいろありますが、ひとつは新社屋のビルを建てたとき。もうひとつはそのビルにガードマンが立つようになったとき。３つ目は首から社員証や入館証をぶら下げられたとき。そのとき出版社は死にますね。」

私の場合は小学館で仕事をすることが多かったのですが、社内に入る際に入館証を書かされるようになったのは、１９９０年代に入ってからでした。１９８０年代までは、仕事があろうがなかろうが、フリーランスも自由に社内を出入りして、夕方なら、そのまま社員編集者と飲みに行くことがふつうでした。

都築さんが上げた「出版社が死ぬ」理由は、私にも痛いほどわかります。仕事上の公私混同を避ける、セキュリティの向上という意味では、社内への立ち入りに当たって入館許可を貰うのは、たしかに合理的です。**しかし雑誌や書籍の仕事は、かならずしも「合理」で動くものではないのです。**

あえて言うなら、**出版社の社員や作家・ライターにとっては「遊びも仕事のうち」です。**かならずしもビジネス目的ではない人間関係の中から、重大なビジネスに繋がるアイデアが生まれることは、いくらでもあります。

「出版社はそうじゃなきゃダメでしょう。セキュリティが厳しくなったら、ただの企業ですよ。セキュリティがつくということは、それだけお金を生んでいるわけですよね。お金を生むというのは、すでに雑誌のつくり方が違うわけなんです。つまり、リスキーな企画ができ

なくなる。

あとお金を生むと、社員の給料がよくなるわけです。すると人間は保守的になってしまう。給料をアテにして35年ローンなんか組んでしまったら最後、いざというときにケツまくれないでしょう。飲み屋で〝企画が通らない〟なんて愚痴を言っているのは、だいたい一流出版社ですよ。小さい出版社の人は文句言わないですもん。好きでやっているんですからと。

1980年代のマガジンハウスにセキュリティはなかったです。食堂もタダで、よくわからない人がいつもいました。元社員が近くでバーをやっていて、そこへ行くと、お金は上司が払ってくれていた。〝金は気にするな。好きな人を連れてこい〟と言われたんです。その店には僕みたいな20歳そこそこのやつから、内田裕也さんみたいなひとまで、年齢も仕事もいろいろなひとが集まってました。そういう自由な交流の場を持つことは、クリエイティブな仕事をするためには大切なのです。」


1970年代・1980年代の平凡出版＝マガジンハウスの社風は、出版業界の伝説となっています。『BRUTUS』の元編集者で、会社に対して「アフリカ象1頭、購入費1000万円」の領収書を提出したOさんの話とか（実際は250万だったそうですが、噂が業界を駆け巡るうちに尾ヒレがつき、私が聞いた時点では1000万になっていました）。この話のポイントは、その無茶苦茶な領収書が、会社の経理を通ってしまった（らしい）、ということです。「良い意味で」仕事と遊びの区別がなかった。そして、社員の「遊び」を、会社が許容していました。だからこそマガジンハウスは、戦後の若者文化を牽引《けんいん》する出版社になれたのだと思います。

「僕は『POPEYE』と『BRUTUS』にそれぞれ5年間いました。契約社員ですらなく、机だけ社内に置かせてもらって、原稿を書いた分だけ報酬を得られるフリーだった。10年間もいると、会社から社員にならないかという中途採用の誘いもありましたよ。でも僕は断った。

給料はすごくよかったけれど、異動があるのがイヤだったからです。社員はやってもやらなくても同じ給料でしょ？　そうすると仕事はフリーに任せて、組合活動だけ熱心な、働かない社員がいっぱいいたわけです。そういうのを見ていて、すごくイヤだった。だから正社員にはなりませんでした。」

私と都築さんの共通点は、最初から一貫してフリーランスで、会社員という立場を拒否していること。そして出発点が編集者だと言うことです。ただフリー編集者の場合、バブルの頃でも、それ単独で生活することは困難でした。それで自然と仕事の比重が、フィニッシュ・ワーカーであるライターに傾くようになるのです。

マガジンハウスを離れ京都へ。

「その後マガジンハウスを離れて、個人で単発の仕事をやるようになりました。時代もバブルで景気がよかったので、まったく問題はなかったです。

マガジンハウスを離れてから、京都に住むようになりました。同志社の近く。仕事はＦＡＸさえあればできていましたから。そこで京都大学の聴講生になって、授業を聞いてはその足で現物の建築を見に行ったりしていました。

そこで地元の京都書院という版元と知り合って『Art Randam』という現代美術の全集をつくりました。１９８９年頃で全１０２巻、１冊48ページほどです。

現代アート以外でも建築・デザイン・音楽・文学と、なんでもやってきたと思います。編集者としての注文も、当然、受けました。でも自分の活動からあまりに離れた企画は、注文自体が受けられないです。

京都から東京に戻ってきて、若い連中と遊びながら、そいつらが暮らす部屋を見たらおもしろくて、自分で彼らの部屋を撮り貯めた写真で作った本が『TOKYO　STYLE』（1997年）です。『SPA!』で連載された『珍日本紀行』はその後。だから30代は20代とうってかわって、日本国内をずっと旅していましたね。」

都築さんは「旅する作家」のイメージが強いです。現場主義というべきでしょうか。それで、編集者として企画を立てるだけでなく、自分で写真を撮影して、自分で文章を書いて、ページ構成まで決めてしまう。企画とフィニッシュ・ワークの両方を個人でこなすところが、都築さんの最大の強みでしょう。

編集者と作家を兼ねるこういう仕事スタイルをとる人を、私は「編集家」と呼んでおり、自分自身の肩書きにも使っています。都築響一さんは、私の定義を完全に満たした「編集家」です。

図18
都築響一著
『TOKYO STYLE』
1993年、
京都書院

「僕は評論家でもエッセイストでもない。カメラをはじめたのは『TOKYO　STYLE』（図18）から。4×5《しのご》のカメラで撮影しました。それまで編集者としてカメラマンとつき合ってきたけど、建築写真は素人には難しいと思っていました。でも企画をあらゆる出版社に断られた時点で、自分で撮る以外に選択肢はなかったんです。だからヨドバシで買って、フィルムの入れ方をカメラマンの友人に教わって、スクーターに載せて現場まで行って、コツコツと撮影していきました。」

『TOKYO　STYLE』は、東京に住んでいるふつうの日本人のプライベートルームを撮影した写真集で、発表されるや、センセーションを巻き起こしました。インテリアコーディネーターが作る、やたら綺麗だが生活感がない室内写真とは対極の「リアル」が、すべての写真に横溢していたからです。

このときまで都築さんは、カメラマンとしては素人でした。しかし頭の中には明確なビジョンがあり、そのビジョンに沿って、現場に赴いてカメラを操作すれば良かったのです。**ビジョンは技術を凌駕します。**いわゆる「シャッターチャンス」とは無縁の企画なので、カメラやライティングの基本さえ覚えれば、余計な技術は必要ありませんでした。まさに編集者だからこそ撮れた写真、創れた写真集です。企画の勝利と言うべきでしょう。『TOKYO STYLE』は都築さんの代表作になりました。

僕は「壁」にぶち当たったことがない。

お話を伺っていると、都築さんは順調に「自身のやりたい」仕事を続けているように思えます。最初からフリーなので、組織には縛られず、独身を通されていて、妻子を養うために無理して働くこともない。

しかし私自身、まさにそうした人生を歩んできたので、友人からは「お前は好きなことやって生きてきて、うらやましいな」と言われることもあるのですが、現実の人生は「壁」にぶち当たることの連続だったのは、本書で書いたとおりです。

当然、都築さんも「壁」にぶち当たった経験はあると思うのですが……驚いたことに、何度、その質問を向けても、都築さんは首を傾げるだけなのです。

「僕は壁にぶち当たった経験はないかもしれません。もちろん大変な時期はありました。企画が通らなくてどうしよう、取材に行き詰まってどうしようとかね。でも最終的にはなんとかなるんです。いまやっているメルマガ『ROADSIDERS' weekly』も、出版不況になって雑誌が減っていくなかで、どうしようかと思って立ち上げたものだけど、やってみたらなんとかなりました。

竹熊さんの言われる〝40歳の壁〟ですか？　僕、40歳の頃、なにをしていたかな……『TOKYO　STYLE』で名前が売れて、『珍日本紀行』で木村伊兵衛賞をもらいましたが、写真の仕事は、ほとんど来なかったですね（笑）。変な写真家だと思われたみたいで。でもフリーが、ある歳を境に仕事が減るのはわかりますよ。だって〝使いにくい〟もの。」

そうなのです。中年フリーの仕事が減る最大の原因は、取引先の担当社員が年下になってしまうからなのです。若い編集者にすれば、これはやりづらい。自分が相手の立場になって考えてみれば、容易にわかります。だって自分の親みたいな歳の人間と、誰だって仕事したくありません。

「昔は雑誌しか仕事の場がなかったから、フリーランスと社員編集者との関係が問題になりましたけどね。でもいまは、ネットを使えば年齢差の問題はクリアできると思います。ネットの世界は対面でなくとも仕事ができます。相手が老人でも若者でも、能力のある人となら仕事ができる。いつまでも同じ組織、同じ媒体、同じ仕事にしがみついているから、つまらない人間関係に囚われてしまうのではないでしょうか。」

雑誌の時代が終わりつつあることは、私は身をもって実感しています。昔は私、毎日、大量の雑誌を買っていたのに、2000年代になってから激減して、いまの私は雑誌を読まず、ほとんどネットしか見ていません。

「雑誌がつまらなくなったから、自業自得《じごうじとく》でしょう。発売日を覚えているような雑誌、もうないものね。でも、それは若者の活字離れが原因じゃないと思う。いまほど若者がスマホを

通じて活字を読んで書いている時代はないでしょう？　だから読者がダメなのではなく、メディアを作る側がダメなんです。

……で、もうしわけないのだけど、僕はぶち当たるほどの〝壁〟に直面したことがないのですよ。収入が途絶えて困ったことはありますが、そのうちなんとかなると思うから。独り身だから気楽という部分も大きいですね。」

だいたい妻子を抱えると、みなさん意に沿わない方向に行ってしまうものなのです。「妻子を養う」という崇高な使命は、「好きなことをやって生きる」ことの、ほとんど対極にあります。

フリーランスのまま妻子を養うことが可能な人間は、非常に才能に恵まれているか、運が良いか、経営スキルを持っているかですが、ふつうはフリーランスを辞めて安定した企業の被雇用者になる方が正しいでしょう。**フリーを長く続けるコツは、妻子を持たないことかも知れません。**

「妻や子どもがいたら、やりたいことだけやるとか言ってられないことだってあると思いま

す。でも一番大切なことはブレないこと。好きなことだけをやり続けることだと思います。ブレて〝なんでもやります〟と言うから、長期的には仕事が来なくなる。人と同じことをやっていたら若いライターの方が安いのだから、そちらが勝ちますよ。

そうじゃなくて、この領域なら〝この人には絶対かなわない〟という強みを持つことが大事です。そうなれば歳なんて関係なく仕事が来ると思います。自分の好きなこと、得意分野を突き詰めていくことですね。

僕は、過去に仕事が途絶えることもありましたが、壁だとは思いませんでした。仕事がない時期にこそ、はじめて自分にとって大切なもの、必要でないものが見極められるんです。そのときは大変でも、後になってみたら、立ち止まって考える時期を持つことは大切かもしれません。」

「好きを貫く」は、誰にとっても理想の生き方です。しかし好きが貫けるのも、才能ではないでしょうか。私はフリー生活の中で、つい、生活のために、また将来の仕事に繋がるかと思って、意に沿わない仕事をしたことがあります。

しかし後になって考えたら、そういう仕事はノリが悪く、結果、出来が悪く、お金になったことも、良い仕事に繋がったこともなく、やる意味はなかったと言えることが多いのです。

「不本意な仕事をして後悔したことは、僕にはありません。そういう仕事は最初に断るから。だから僕には興味のない仕事が来ない。やりたくない仕事を断り続けると、幸いなことに、そういう仕事が来なくなるんですよ。そうなれば、もう断らなくても良くなりますから。」

自分のメディアを持つ。

インタビューに当たり、都築さんの自伝『圏外編集者』（2015年、朝日出版社）を読んだのですが、社員編集者とのつき合いに非常に恵まれている感じを受けました。都築さんのメインフィールドだった1970〜1980年代の平凡出版＝マガジンハウスという環境が、日本の企業としては特殊で、社員が創造性を発揮する「自由」を最大限尊重する機運があったことも大きかったかもしれません。

出版業界そのものが、おそらく特殊なのかもしれませんが、現場の仕事はフリーランス中心で回っており、必然的に社員編集者も、フリーに近い感覚の持ち主が多いのです。

フリーランスは、組織が嫌いだからフリーになるので、そういう人間とうまくつき合える社員というのは、その時点で会社員の枠から、どこかはみ出していなければなりません。そういう社員編集者なら、たぶん私や都築さんタイプのフリーとは、うまくいきます。社内に自由な雰囲気がなく、編集長がやたら管理的だったり、なにかというと編集会議ばっかりやっている雑誌は、ダメになることが多いのです。

「編集会議なんて必要ないですよ。僕も竹熊さんと一緒で、企画を通すために若い編集者を捕まえて、酒を飲みながら話をする無益な説得工作に疲れた部分があります。それで自分のメディアを持たねば、と思ったんです。

企画を出しても社員編集者に〝上に断られました〟〝予算的に難しいです〟と言われることがイヤになってしまったんです。それなら自分で編集として一から動いた方が、よほど良い。組織に頼らず、自前のメディアが持てる時代なんですから。」

私は、若い編集者から上の世代の編集者への不平を聞かされることがあります。彼の言う上の世代の編集者、ようするに彼の上司は、じつは私が若い頃、現場で共に仕事をしていた人だったりするのですが。

なにがそんなに不満なのかな、と思って聞いてみると、「彼らはバブルの時期に仕事をしていたので、成功体験しかない」と言うわけです。つまり、かつてなにをやっても雑誌が売れた時代があって、そのときの感覚のまま会社に残っている。もう時代は変わった、「売るための努力」をしなかったら本は売れない。若い世代の方がよほど努力しているのに、努力しないままに出世だけした人間には、現場の我々の苦労はわからないのだと。

「違いますね。（大手は）給料が良すぎるっていう、それだけが問題なんですよ。その若い社員編集者も、会社に不満があるのなら、辞めて自分の会社を作れば良いんです。でも、高い給料を捨ててまで自分の道を貫こうという気迫がない。僕もいまの出版界に不満はありますよ。だからこそいまの僕は、自分で直販の道を探して、メディアを作っているわけです。」

フリーランスの約束の地としてのインターネット。

私と都築響一さんの共通点は、紙出版における長いフリー生活の果てに、どちらもインターネットで「自分の仕事」をはじめていることがあげられます。私がネットにたどり着いた理由は本書で書いたとおりですが、都築さんの場合はどうだったのでしょう。

「ずっと自分で雑誌をつくりたいと思っていましたけど、元手が何億とかかるから無理ですよね。たとえスポンサーがついたとしても、それでは出資者の顔色ばかりうかがうことになって、過去の出版社と同じ轍《てつ》を踏むことになると思いました。

あとスピードの問題。それまでは展覧会の記事を、始まる前の資料を元に紹介記事を書くか、展覧会が終わった後に記事にするか、どちらかしかなかった。それとは違うリアルタイムのスピード感でやりたかったんです。インターネットには、元手が要らず、放送のようなスピード感で情報が発信できるメリットがあります。

後は、これでどうやって生活するのか。少し前まで、インターネットには、個人から少額の課金を定期的に徴収できる環境がなかったんです。メルマガはあったんですが、僕は画像をたくさん載せたかったから、それでは不十分でした。だからブログでネットでの記事配信を勉強しながら、ペイパルなど、少額課金徴収の仕組みが出てきて環境が整ったので、2012年1月に『ROADSIDERS' weekly』をはじめたわけです。」

2012年1月は、まさに私が『電脳マヴォ』をはじめた時期です。この年にはまた、多くの版元がインターネットで作品配信を本格的に開始した年でもありました。ほとんど同時期に、皆、同じことを考えていたのです。しかしわれわれは資本のある大手ではなく、ほとんど個人ベースのインディーズ・メディアです。

「いまの僕の収入は有料メルマガの課金と、単行本の印税です。

この時代に間に合ったことが、僕はすごくうれしい。僕ら、ぎりぎりキャリアの最後になって、状況が追いついてきましたね（笑）。

キンドルで定額読み放題制が始まりましたね。出版は音楽産業を数年遅れで追っていくことになるのでしょう。でも僕も竹熊さんも、戦略的にそうやっているんじゃなくて、やむをえずやっているわけです。電子メディアは、安価に自作を出版するための一番いいやり方です。

一方、企業としての出版社は、電子をやるにしても、あくまで紙事業のベースの上に、どうやって電子の利益を乗せるかという発想。こういう時代は、身軽に個人で動けるフリーランスの方が圧倒的に有利ですよ。

僕が配信する電子雑誌の当面の目標は、購読者3000人くらいです。それくらいになったらスタッフを雇えるけど、いまはそこまでいってないので、編集作業はすべて自分1人なのがちょっと大変ですけど。」

（2016年7月・都内麹町にて）

第9章

フリーランスの上がりとしての創業社長。

最初の起業で大失敗。

2014年に最初の会社『ホップ・ロウ』を設立しました。『電脳マヴォ』で連載した牛帝さんの『同人王』が大傑作で、太田出版から単行本の話が来たからです。そこで今後の企業対応を考え、起業したわけです。ヒットすれば、作品エージェントとしてマネタイズの目《め》処《ど》が立つ、という目論見《もくろみ》もありました。

会社を作るにあたって、以前から知り合いだったTという編集者に、資金は私が出すから、代表取締役になってもらえないか、と声をかけました。

私は当時、大学教授の職にあったので、会社経営との兼業は、たぶんできないと思っていました。この時点でまだ私は心療内科に通っておらず、発達障害の診断は出ていなかったのですが、過去の経験から、本能的に、自分は現場の仕事に専念して、経営は他人に任せたいと考えていたわけです。

Tを代表取締役社長に、私は編集長、兼株主という形で株式会社ホップ・ロウを設立しました。

いまにして思えば、私は会社経営を、かなり安易に考えていたと思います。共同経営者の選定にしても、もっと時間をかけて決めるべきだったのですが、ほどなくして、Tとはひどい人間関係のトラブルに発展しました。

私が京都精華大学の教授職を辞することになったのは、発達障害に適応障害を併発して働けなくなったからですが、適応障害を発症したかなりの原因は、この人間関係に起因していると思います。

かくなるうえは、専任教授を辞めるか、『電脳マヴォ』を辞めるか、ふたつにひとつしかありません。私は悩み、『電脳マヴォ』を選びました。

良識ある人間の判断ではないと思います。そもそも『電脳マヴォ』のスタッフに支払う給与の原資は、私の大学からの収入だったからです。大学の教授職ともなると、ボーナスを含め、中小企業の重役クラスくらいの給与が支払われます。私は、これらをすべて投げ打ったわけです。**妻子がいないので、こういう判断ができたのだと思います。**

図19
牛帝著
『同人王』
2013年、
太田出版

『電脳マヴォ』は、フリーランスとして生き

てきた、私のライフワークです。会社としては素人かもしれませんが、新しい才能を発掘して世に送り出すという、やっている仕事の方向は、間違っていないと確信しています。

ネットメディアで投資の対象になるのは、数百万PVから。

『電脳マヴォ』は、これを書いている現在、平均して1ヵ月に30万PV《ページビュー》あります。最初の1年は行って10万でしたが、3年目くらいから月平均30万PVになり、6年目の現在も、基本的には変わりません。

現在、紙メディアで30万部以上出る新聞雑誌は、大手新聞や、一部のマンガ雑誌を除けばなかなかありません。名前がある雑誌でも10万いけば良い方でしょう。それから考えると、月30万という数字は、かなり良いのではないかと思われるかもしれませんが、**無料のネットメディアで30万程度の数字は、鼻にも引っかけられません。**

電脳マヴォ合同会社は、現在私と35年来の友人、小形克宏の2人で社員をやっています。

編集スタッフは援軍と、私と小形を入れてぜんぶで3人、お友達値段でプログラムやサーバー管理をお願いしている人が1人、登記簿上の社員は2人です。全員、極めて薄給、私は毎月、マヴォに持ち出している状態です。

会社を設立した当時、私と小形とで、さまざまなツテをたどって電脳マヴォに出資してくれる人や会社を探したことがありますが、「1ヵ月で30万PV」と数字を出したとたん、苦笑されました。「おととい来なさい」という感じです。

PVが最低でも月数百万、できれば1000万はなければ、投資の対象にはならないというのが、インターネットの世界なのです。

ふつう投資を呼び込むのであれば、なんらかの「売り」が必要です。こういう弱小メディア、またはエージェント会社に**投資を呼び込もうとすれば、一番てっとり早い方法は、誰もが知っている大御所や売れっ子作家の名前を、契約ラインナップに加えることでしょう。**

ただ『電脳マヴォ』を運営していて、おもしろい現象に気がつきました。3年目くらいからはっきりしてきた傾向なのですが、マヴォはいま、月間PVが30万ですが、**年に1回か2回、100万PVを超える月があるのです。**そういう月は、広告収益も、数倍から10倍になります。

アクセスをたどると、どうやら2ちゃんねるで作品のスレッドが立って、それが複数の「まとめサイト」に転載され、それで一挙に数十万人もの閲覧者がマヴォを訪れていたようです。作品はたいてい水野清香さんの『家族喧嘩』だったり、小田桐圭介さんの『あたし、時計』だったり、いくつか特定の作品に集中しているのです。この2作について言えば、現在ネットで読める、もっともおもしろい作品であると断言できます。

完成度の高い短編は、時代を超越するし、ネットの海の中で「発見」されたとき、「発見」した人は、つい、周囲にも教えたくなるのではないかと思います。それが、ある閾値《しきいち》を超えると、「バズる」現象に繋がるのではないかと、私は仮説を立てているのですが。同じ作品が何年間にも渡って、周期的にアクセス集中を繰り返すことは、ネットメディア特有の現象ではないかと思います。ネットの世界には、まだ未解明の現象がいくつもありそうです。

出版業は博打である。

では、私は『電脳マヴォ』で、どのようなビジネスモデルを考えていたのでしょう。以下私が書くことに対して、読者は呆れるかもしれませんが、正直に書きます。私は、**「アマチュア作品を無償で掲載し、これを何年も続けられれば、いずれはヒット作が出るだろう」**と、一発屋のようなことを考えていたのです。

私がこう考えたのには、一応の根拠があるのです。それというのも、**マンガ（出版）業界全体に「一発屋」の体質がはびこっているからです。ある版元の社長は私に「出版は博打だ」と言いました。**

他業種の人には信じられないかもしれませんが、事実として、出版は博打なのです。なにが当たってなにが当たらないか、この道数十年のベテラン編集者でも、はっきりしたことは誰にも、なにも言えないのです。

マンガ出版社として老舗の双葉社では、マンガが大ヒットすることを「神風」と呼んで、「神風」が吹くことを会社全体が待ち望んでいます。同社では実際1990年代までは『ルパン三世』『子連れ狼』『じゃりン子チエ』『クレヨンしんちゃん』など、平均すれば10年に1回神風が吹いて、そのたびに経営を立て直すということを繰り返しています。

もちろん、神風が吹くにも、日頃から「良い作品」を出し続ける努力が前提となっていることは、言うまでもありません。しかし「良い作品」が「当たる」かどうかは、神のみぞ知

るです。

そして**マンガの大ヒットは、10年分の負債がチャラになるくらいのヒットになるのです。**

ビジネスとしての法則は誰も知りませんが、実例はいくつもあります。強いて言えば「**数を撃っていれば、いつかは当たる**」です。神風が吹けばビルが建ちます。出版にとって、マンガにはそういう麻薬性があるわけです。

さて2000年代に入った辺りから、書店のPOSシステム（販売時に書店員が裏表紙のバーコードを読み取り機にかけると、その書店チェーンでのその本の売り上げがサーバーに蓄積され、契約している版元なら、その著者の過去の売り上げデータが端末から即座に判明するシステム）が業界に普及し、**出版会議では、その著者の本を出版するかしないか、かならずPOSデータをもとに検討されるようになりました。**

POSデータが芳しくない著者の本は、どんどん出しにくくなっているのですが、ではデータが良い著者の本が引き続き好調かというと、それは誰にもわかりません。

全体の売り上げは、過去20年間、落ち続けているのです。データをもとに出版計画を立てていることで、ひょっとすると、売り上げの落下曲線のカーブが、若干緩《ゆる》くなっているのかもしれません。しかし、落ちていることに変わりはありません。それでも、神風級のヒットは、いまでも出ます。

近年のマンガ界で有名な「神風」としては、諫山創《いさやまはじめ》『進撃の巨人』（別冊少年マガジン、2009年〜）**があげられると思います。**この作者の絵柄はかなり独特でクセが強く、また**キャラクターよりも「設定」で読ませるマンガで、ここ30年ほどのヒットマンガの常識を破る作品でした。**とくに最初の頃の絵柄はクセが強すぎて、設定とストーリーは抜群におもしろいものの、いきなり編集部に持ち込まれて、**この作品がヒットすると考えるプロ編集者は少数派ではなかったかと思います。**

事実、作者の諫山さんは、この作品を最初は別の大手版元に持ち込んでおり、そちらでは「売れない」と判断されて没になっているのです。めげずに講談社に持ち込んだところ、担当した編集者が作品のアイデアに惚れ込み、『別冊少年マガジン』でデビュー連載したところ、あにはからんや大ヒットして、いまでは講談社を支えるヒット作品になっています。

勝てば官軍で、近年では珍しい「設定とストーリーで読ませる少年マンガ」の成功例であり、マンガにおける新たな鉱脈を掘り当てた作品として『進撃の巨人』は評価されています。

私は、これは「いかにも講談社らしい」作品だと思います。もともと講談社には「テーマ主義・ストーリー主義の伝統」があるからです。最初に持ち込んだ版元は、大手ですが「キャラクター主義」が強い社風の版元で、『進撃の巨人』とは作風が合わなかったと思います。

諫山さんには「独創性《オリジナリティ》」があります。こういった**独創性は、前例主義（過去のデータ、マーケティング）からはまず出てこない種類のもので、作者の独創性を見極め、作品をおもしろいと感じた編集者の「勘」が勝利したとも言えます。**こういうことがあるから、出版という仕事はおもしろいのです。

才能は才能を呼ぶ法則。

出版社の新人賞で、「大賞何百万円」「受賞即デビュー」とか「連載保証」とか、そういうキャッチフレーズを打っている賞が、ある時期から急に増えました。ここ10年くらいの間にです。なんというか、的外れな作家寄せだなあ、と私は見ています。賞金自体は昔からありましたが、せいぜい100万が上限でした。それが、大賞500万円とか、1000万円などという高額の賞が、いまではいくつもあるのです。

ですが最近の若者は、マンガ家でデビューして一攫千金《いっかくせんきん》なんて、宝くじに当たるようなものだと考えている人が多いわけです。業界の状況は、バブルの頃に比べたらはるかに悪くなっていることがネットでバレていますし、版元にはじっくりと作家を育てる余裕がない。即戦力を求めているのですが、所詮は使い捨てです。

いまの新人は、そこをシビアに見ています。なので、才能がある人ほど、版元からデビューの誘いを受けても、慎重です。つまり、**賞金なんて、いくらあろうが一過性の、目先の金に過ぎませんし、デビューしてもその収入が続く保証はどこにもない**とわかっているのです。

昔は、30歳を越えると「デビュー年齢を逸した」と言われたものですが、**これからは30代、40代になって、人生経験を積み、確固とした作家的自信をつけた上でのプロデビューが増えると思います。**これまでは、マンガ家はデビューが早ければ早いほど、若い読者と感覚が近いので有利だと言われていましたが、だんだん「40代で若手」と言われる小説の世界と同じになっていくのだろうと私は予想しています。昔は、40歳を越えて芽が出たマンガ家は『ゲゲゲの鬼太郎』の水木しげる、『アンパンマン』のやなせたかし、『ナニワ金融道』の青木雄二、その3人くらいだったのですが。

私は先に、資本がない『電脳マヴォ』が、どのようにして6年間も運営できているのか、秘訣は超低コストで運営できているからだと書きましたが、超低コストでの作家獲得術について、少しだけ書きましょう。

『電脳マヴォ』をはじめるに当たって、私の確信としてあったのは、**才能は才能を呼ぶ**ということです。**お金が才能を呼ぶのではありません。**才能のある人を掲載しているメディアは、才能それ自体が、作家を惹《ひ》きつける、ということです。とくに新人に対して、それは言えます。

戦後まもなく、講談社を退職した編集者の加藤謙一が、『漫画少年』という雑誌を自費で創刊し、投稿欄を作って、全国から新人マンガ家の作品を募ったことがありました。新人投稿欄は、いまでは新人賞に形式を変え、どの雑誌にもありますが、誌面で新人に作品投稿を呼びかけたのは『漫画少年』が最初だったのです。

『漫画少年』の投稿欄「漫画つうしんぼ」は、業界の伝説です。投稿者の名前を見ると、石森（石ノ森）章太郎、藤子不二雄、赤塚不二夫など、後にトキワ荘のスターになるマンガ家の卵に加え、イラストレーターになった黒田征太郎、画家になった横尾忠則、小説家になった筒井康隆、写真家になった篠山紀信など、戦後の日本文化を築いた「未来の巨匠」が多数応募しています。

どうして『漫画少年』のような弱小雑誌に、ここまで錚々《そうそう》たる才能が集まったのかというと、理由は、東京の全国誌としてどこよりも早く手塚治虫に目をつけ、傑作『ジャングル大帝』を連載していたからです。そして投稿作の審査委員には、手塚の名前が記されていました。**全国のマンガ少年たちは憧れの手塚先生に作品を見て貰いたい一心で、熱心に投稿していた**のです。

さらに「漫画つうしんぼ」で藤子不二雄や石森章太郎が常連投稿者になると、投稿者のライバル心に火がつき、負けじと力作を応募するようになりました。投稿作品に原稿料は出ませんでした（景品は出たようです）。

『漫画少年』は良心的な編集方針が売りでしたが、母体の学童社は、加藤謙一が講談社の退職金をもとに設立した零細出版社で、潤沢《じゅんたく》な資本がありませんでした。加藤は戦前の講談社で『鞍馬天狗』の大佛次郎、『宮本武蔵』の吉川英治、『のらくろ』の田河水泡を新人から育て上げた、日本を代表する名編集者です。新人作家の才能を見抜く眼力に、一流のものがありました。

加藤は、手塚の才能と、新人作家が手塚を神様のように崇《あが》めている人気に注目し、投稿欄を設けて、新人発掘に力をいれたのです。たとえ**賞金が出なくても、優秀な作品がその雑誌に載っていて、きちんと作品を評価してくれる審査員や編集者がいれば、才能は集まってく**

るのです。

これが、私の言う「才能は才能を呼ぶ」法則です。

またアマチュア作家と接していると、**1人、マンガが上手な人を見つけると、その交遊関係をたどれば、たいてい1人か2人は同じくらい絵やマンガがうまい友人を見つけるのです。**

これにはほとんど例外がないので、才能がある人には、同じくらい才能がある友達がいるものだ、と私は考えています。

『電脳マヴォ』に新人投稿が絶えないのは、一貫して優秀な新人を掲載し続けているからだと思います。**作家が「この雑誌には優秀な作品が載っている」「この雑誌の編集者には作品を見る目がある」と思えば、才能はやって来るのです。**現在、『電脳マヴォ』は姉妹サイトである『投稿マヴォ』を作って、投稿を奨励しています。投稿作品には私がすべて目を通し、掲載作には寸評を添えることにしています。

『良い祖母と孫の話』との出会い。

加藤片さんと出会ったのは、2013年の春だったと思います。多摩美の授業を終えた後、彼女から「マンガを描いているのですが、見てもらえませんか」と言ってきたのです。毎年、何人もこういう学生さんに会います。

聞くと彼女は多摩美の学生ではなく、他の美術大学に通っていて、毎週、多摩美の私の講義に潜って通っているとか。そして『良い祖母と孫の話』のオリジナル版を見せられました。『良い祖母と孫の話』には、現在単行本になっているバージョンとは別に、オリジナル版（短編バージョン）があるのです（オリジナルは電子書籍版に収録）。ストーリーは単行本の一話目とほぼ同じですが、主人公や登場人物のキャラクターデザインが異なります。

「はじめて描いたマンガなんですが……。」

そう言って見せられた作品を読んで、私は驚きました。「食事」という日常的なモチーフを通して、祖母と孫娘の、表面はふつうながらも、内面に抱えた葛藤《かっとう》を巧みに描いていたのです。ラストで両者の葛藤は深刻な局面に達し、孫娘は嘔吐します。「純文学的」ともいえる重いテーマを、マンガとして巧みに処理した家庭劇でした。

大学で教えるようになってから、こういう天才的な学生さんとは何人か出会っています。処女作から完成度が高い作品を描く人にも、何人も会いました。

「はじめてマンガを描いた」と言っても、美大生ですから、日常的に絵やイラストは描いているわけです。**マンガ家として問題になるのは、絵とは別に、ストーリー力とコマ割（構成力）ですが、これらをすべてバランス良く備えていて、はじめてその作者は「マンガがうまい」と言えるのです。**絵が描けるからと言って、マンガも描けるとは限りません。

その意味で加藤さんは絵・物語・コマ構成と三拍子揃った、理想的な新人さんでした。聞いてみると、そのとき彼女は大学4年生になったばかりで、じつは大学3年生のとき、ある大手に『良い祖母』を持ち込んでいたのです。

作品は賞に回されましたが、惜しくも選に漏《も》れ、作品は返却されました。これだけの作品が選に漏れたのが信じられませんが、文学的すぎて、マンガ的なエンターテイメント性に欠ける、と思われたのかもしれません。

先に「作家の才能とプロの才能は別」と書きましたが、編集者はまず、その新人の作家としての能力を確認すると、次に「仕事としてつきあえるかどうか」を確かめようとします。プロとしてやっていくからには、作品の完成度とは別に、締め切りが守れるか、編集者の意見を聞いて作品が作れるかが重要になるからです。どんなに天才的な作家でも、編集者と打ち合わせができない、締め切りが守れないでは仕事になりません。

加藤さんの初持ち込みは失敗に終わり、彼女は返却された原稿をそのままピクシブに投稿しました。そこから、おもしろいことになったのです。

ピクシブに投稿して1ヵ月ほどで、作品へのアクセスが10万を超えたのです。作品のコメント欄には、若い読者からの主人公に共感する声、おばあちゃんに同情する声がたくさん寄せられました。この作品を、文学的過ぎて若い読者の共感は得られないと、もし最初の編集者氏が考えていたとしたら、大きく見誤ったことになります。

その編集者氏は、急いで加藤さんに連絡をしてきて、「連載を前提に話をしないか」と言ってきたそうです。しかしその時点で、じつは加藤さんの就活が成功しており、内定が出ていたのでした。そして加藤さんは、あっさりデビューの話を断って、就職を選びました。

プロデビューをいったん断念した加藤さんでしたが、彼女はしかし、マンガを描くこと自体を止めたわけではありませんでした。

私は加藤さんに作品の感想を述べ、「この作品はまだ完結していない。このおばあちゃんと孫娘の関係に決着をつける話を、ぜひ読んでみたい」と言いました。彼女は同意し、かく

図20
加藤片著
『良い祖母と孫の話』
2016年、
小学館クリエイティブ

して『電脳マヴォ』で『良い祖母と孫の話』を完結まで連載することになったのです。

そのときの加藤さんは大学卒業を控えており、卒業してからすぐに就職したので、４話を最後まで描き上げるのに、足かけ３年もかかってしまいました。

全身全霊を込めた作品を兼業でやり遂げた根性は、たいしたものだと思います。時間をかけたせいで、１話ごとに絵がどんどん上手に、緻密になっているのがわかります。

ラストシーンは衝撃の結末でした。認知症になった祖母と成長した孫娘との間に起きた、電撃のような奇跡が、マンガとして、見事に描かれていました。

最終回を掲載したのは２０１６年の２月でしたが、『電脳マヴォ』始まって以来というほどのＰＶ数と反響がきました。当時、すでにいくつかのマンガアプリやサイトに『良い祖母』を配信しており、それらのＰＶをすべて合計すると、約２０００万回、作品は閲覧されたことになります。

それから3日間ほどで5社の版元から声がかかり、たぶんマンガ界としては前代未聞のコンペを開いて、最終的に紙出版は小学館クリエイティブ、電子書籍は双葉社から出すことに決まりました(図20)。

加藤片という才能と巡り会い、そして『良い祖母と孫の話』を出せたことで、**電脳マヴォの、会社としての方針が定まりました。**

無料メディアとしての『電脳マヴォ』を運営する一方、集まってきた作家さんと作品エージェント契約を結び、作品の二次使用に関するビジネスをとりまとめることで、作家さんとマヴォ、双方が利益を得るというビジネスモデルです。

会社員はできなくとも、社長ならできる。

さて、ここまで書いてきて、本書は「ふつうの働き方ができないボンクラ人間が、世間のルールから外れて生きるにはどうしたら良いのか」ということを、実体験を踏まえてえんえん書き続けて来たとわかってきました。

そんな私が会社を作ったのですから、本当にどうかしているのと、自分でも思っているのですが、しかし**私にとっては、フリーの仕事の延長に会社があったのです。ただし社員ではなく、起業家として。**

私は長い間、フリーとして個人で仕事をしてきましたが、個人仕事ゆえの「限界」も常に感じていました。ある規模の仕事を継続してやろうとするなら、「いつかは自分の会社を持つしかない」と考えていたのです。

企業の創業社長、とくにワンマン社長と呼ばれる人には、発達障害だと思われる人が、たくさんいます。私の知る会社の社長は、会議の席上、すぐ激高して社員に灰皿を投げつけるのだそうです。**おかげでその会社は、社長の性格を知り尽くしたベテラン社員以外はみな、半年から1年で辞めてしまうのです。ところがそんな会社が、得意分野では、なぜか業界一位の業績を納めているのです。**

学生時代にフェイスブックを作って起業し、いまや世界有数のIT企業に成長させたマーク・ザッカーバーグは、天才プログラマーですが、他人から好かれるよりも嫌われることが圧倒的に多く、発達障害者のように見えます（『ソーシャル・ネットワーク』というザッカーバーグの伝記映画がありますが、他人の話にまったく耳を貸さないオタク的人物として描かれ、嫌われエピソード満載でした)。

アップルを創業したスティーブ・ジョブズもまた、天才的アイデアマンである半面、超ワンマンで、100パーセント自分の思い通りの製品ができないと癇癪《かんしゃく》を起こし、些細なことで社員を次々とクビにするなど、発達障害を思わせるエピソードに事欠きません。

ジョブズは、あまりにもエキセントリックな性格が祟《たた》って、経営を委託していた3代目CEOのジョン・スカリー以下、重役会全員一致でアップルを退職させられます。

ところがジョブズ追放後のアップルは、業績不振に陥り、CEOも2回替わって、ついにジョブズを会社に呼び戻すしかなくなりました。誰もジョブズのようなカリスマ性がなく、天才的な製品アイデアが出せなかったからです。

アップルの新しいCEOとして古巣に舞い戻ったジョブズは、不要な社員をクビにして社内人事を一新し、iMacやiPod、そしてiPhoneなど、水を得た魚のように新機軸の製品を次々に考案、それらがすべて世界的な大ヒット商品になり、みるみる会社を立て直してしまいます。どんなに人格に問題があろうが、ジョブズなくして、アップルという会社は成り立たなかったのです。

発達障害を持った人間は、他人に使われる会社員には不向きですが、斬新なアイデアを持

つ人が多く、その場合、社長ならできるということだと思います。会社員に向かないと自覚している人は、一度、起業を考えてみたらどうでしょうか。

あとがき

本書執筆に時間がかかった理由。

本書の執筆には、3年もの時間がかかりました。本当なら、この「あとがき」を書いている2年前、2015年の夏前に、本書は書き上がっている予定だったのです。それが滞ったのは、まさに2015年の7月、私は本書第10章にある、電脳マヴォ合同会社を起業したためです。

本当なら起業するまでに、私はこの本を書き上げるつもりでした。本書でさんざん述べましたが、私の「性格」上、**「ふたつの重要な仕事が重なると、どちらかの仕事が遅滞、最悪、どちらも遅滞してできなくなる」**ことが目に見えていたからです。

結果として会社のほうは、優秀な共同社員のおかげで、なんとか動いていますが、私個人で書くしかない本書は、見事に私の「遅滞パターン」にはまってしまいました。

本書第5章でも書きましたが、こうした私の性格は、おそらくフリーになる以前からの、生まれつきのもので、歳とともにひどくなる一方です。こんな**私が曲がりなりにも仕事（フリーライター）ができていたのは、ひとえに優秀な担当編集者の適切な指示（締め切り設定と催促）と、忍耐の賜《たまもの》**だったと言えます。すでに触れたように、2014年に私は心療内科の診察で「軽度発達障害」の診断を受け（その後、紹介された発達障害専門医によりADHDと診断済）、大学の職を辞することにしたのも、「大学勤務と会社経営の両立は無理」と自分で判断したためです。大学で教えながら自分の会社を経営している人は沢山いるのですが、私には、無理なのです。

ずっと、自分のこのダメな性格を、私は自分で笑い話にしてきました。が、私とともに仕事をした人なら、これが笑い話ではすまないことを、よくおわかりかと思います。こんなことで、よく、フリーとしてやってこれたな、と思われる読者もいるかも知れません。ですが、まさに**「私のようなボンクラは会社員に一番不向き」だからこそ、私は就職を一度も考えることなく、フリーランスの道に入った**のです。フリーで出版の道に入らなかったら、私はホームレスになるか、犯罪者になるしか生きる方法を見いだせなかったでしょう。

本書は、「ダメ人間のためのフリーランス入門」として企画しました。いや、最初は、もう少しまともな「入門書」にする計画もあったのですが、書きはじめると、「なぜ自分はフリーになったのか？」を考えざるをえなくなり、本書をふつうの入門書で終わらせることは、難しくなりました。

私は、なるべく正直に、自分が学校を辞め、いきなりフリーの売文業者として業界に入ったいきさつと、その後の人生について語ることにしました。最終的な結論として、私はフリー人生の総括を「起業」で終わらせることにしました。**どうしても会社に入れなかった人間が、最後にたどり着いた場所としての創業社長。**人に使われることが苦手な人間が、いかなる経緯をたどって人を使う立場となったのか。本書そのものを、自分の人生を使ったボンクラの症例、ボンクラが世の中を渡るケーススタディにしたいと考えたのです。

そのためフリーランスの夢を持つ人々にとっては、いささか破天荒な本になったかも知れません。たとえばふつうのフリーランスであれば、青色申告などの税務知識は必須なものですが、ボンクラ人間にとっては、そもそも領収書を整理して申告書を書く時点で、南極点を目指すくらいハードルが高いのです。領収書をもらうまではできても、それをキチンと整理することは、私のような人間には異次元の仕事です。そのため私は、これまで白色申告しかしたことがなく、その白色申告すら、時効である5年分貯めてしまい、段ボールに突っ込んだままの未整理領収書を前にして、途方に暮れて断念する体たらくでした。

しかし、**私と同じく成人の発達障害に苦しむ、少なからぬ数の人々に、「こういう生き方もあるんだ」と示すことができたなら、本書にも価値はあるかも知れません。**

本書は、私が2014年10月にツイッターで公開した、「自由業と年齢」をテーマにした連ツイがきっかけになっています。《「サブカルは40歳越えたら鬱になる」というのは正確でない。「自由業は40歳越えたら鬱になる」が正しいと思う。この辺りからだんだん仕事が減るからだが、なんで減るかというと、仕事を発注してくる社員編集者が、だんだん自分より歳下になるからである。》で始まる連続ツイートにジャーナリストの津田大介氏が反応したことを皮切りに、中森明夫、吉田豪、掟ポルシェといったご同業のサブカル業界人が次々に反応したことで、大反響を呼び、めでたくダイヤモンド社から本書の話が来たのです。

ちなみに「サブカルが40歳で鬱になる」というのは、吉田豪氏の著作『サブカル・スーパースター鬱伝』（2014年、徳間文庫カレッジ）のテーマで、これを私なりにとらえると、「仕事を依頼してくる社員編集者が年下になって仕事が減るから」ということになり、それをツイートしたわけなのでした。

ここまでは、とんとん拍子だったのですが、本の骨格はもうできているからということで、たぶん安心して私に本書を依頼してきたダイヤモンド社は、私の原稿の遅さにおそらく呆れかえったことと思います。

本書は、ダイヤモンド社山下覚氏の鑑真和上の如き忍耐力で完成の運びになったと言っても、過言ではないです。さらに編集補助として、私の35年来の友人で、共同社員としてともに電脳マヴォ合同会社を起業した編集者・小形克宏が参加してくれ、彼の容赦ない「鬼の催促」で、泥船はなんとか海を渡りきることができました。

お2人に感謝することはもちろん、本書でのインタビューを快諾していただいたフリーランサーのみなさんには、感謝しきれぬものを感じています。本書を書き終えたいま、私は深く目を閉じ、胸に手を当てて、「なんで俺、フリーのもの書きになんか、なっちまったんだろうなあ！」と溜息をつくことしかできないのです。

2018年3月1日　竹熊健太郎

［著者］

竹熊健太郎（たけくま・けんたろう）

1960年、東京生まれ。編集家・フリーライター。多摩美術大学非常勤講師。高校時代に作ったミニコミ（同人誌）がきっかけで、1980年からフリーランスに。1989年に小学館ビッグコミックスピリッツで相原コージと連載した『サルまん　サルでも描けるまんが教室』が代表作になる。以後、マンガ原作・ライター業を経て、2008年に京都精華大学マンガ学部の専任教授となり、これが生涯唯一の「就職」になるが、2015年に退職。同年、電脳マヴォ合同会社を立ち上げ、代表社員になる。著書に『サルまん』（小学館）、『ファミ通のアレ（仮題）』（アスキー）、『私とハルマゲドン』（ちくま文庫）、『篦棒な人々』（河出文庫）、『竹熊の野望』（立東舎）、『サルまん2.0』（小学館クリエイティブ）等。

フリーランス、40歳の壁

――自由業者は、どうして40歳から仕事が減るのか？

2018年4月18日　第1刷発行

著　者――竹熊健太郎
発行所――ダイヤモンド社
〒150-8409　東京都渋谷区神宮前6-12-17
http://www.diamond.co.jp/
電話／03·5778·7232（編集）　03·5778·7240（販売）

ブックデザイン――bookwall
校正――――鷗来堂
製作進行――ダイヤモンド・グラフィック社
印刷――――八光印刷（本文）・慶昌堂印刷（カバー）
製本――――本間製本
編集担当――山下覚

ISBN 978-4-478-06572-3